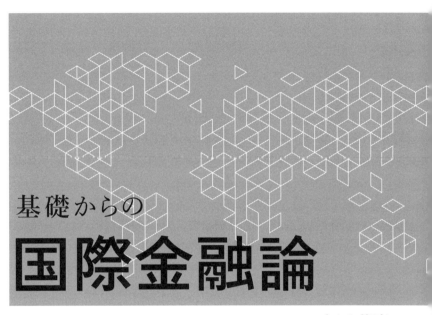

基礎からの

国際金融論

WADA Tatsuma　和田　龍磨

大学教育出版

はじめに

　2020年からのコロナウイルスの世界的蔓延により、各国各地で生産、消費、流通といった経済活動の滞りが起きた。またその後の政策によってインフレーションが世界を席巻している。ロシアによるウクライナ侵攻によって小麦の市場価格が上昇し、石油輸出国機構による石油の減産は原油価格を世界的に高めている。日本では円安により訪日外国人が増加したことでホテルなどのサービス需要が増加し、輸入品価格の上昇と相まってインフレーション傾向がみられるようになってきた。

　このように、われわれの生活は世界の動きに影響を受けている。世界的なインフレーションの原因は何か、為替レートはどのように決まるのか、各国の政策によって所得がどのように影響を受けるのかといった国際マクロ経済学あるいは国際金融論の問題を学ぶことはグローバル化した社会における意思決定では非常に重要である。インターネット上には、国際マクロ経済学関係のいくつかのトピックについて簡潔にまとめられたものも多数存在する。書籍としても為替レートについて解説したもの、金融制度について現状に即してまとめられたものなどがあるが、大学レベルにおいて必要なものは単なる事実の羅列や積み上げではなく、モデルを用いた論理的思考を身に着けることである。モデルとは与件の変化やショックといったものがどのようなメカニズムでどの変数に影響を及ぼすのかを説明するものである。モデルに基づく分析法を学ぶことで、将来に新たなショックに直面した時に、そのショックが経済に影響を及ぼすかどうかを予測することを可能にするとともに、望ましい政策についての建設的な議論が可能になるのである。

　国際的な流れとしては、かつては教員によって教える内容が大きく異なっていた国際金融論も、学部レベルでの内容が標準化しつつある。最近の2大テキストである Krugman, Obstfeld, Melitz による "*International*

Finance: Theory and Policy" および Feenstra, Taylor による "*International Macroeconomics*" を見ればそれが明らかである。本書でも世界的に標準とされる内容を確実に取り入れることにした。

　多くの大学の経済学部では、国際金融論を学ぶ際にはマクロ経済学をあらかじめ学習していることを前提としている。しかし、国際金融論の内容は多くの人にとって学ぶに値する重要なものであり、特に学際系・政策系の学部の学生には理論的な正確さを維持したままで深く理解してもらいたいという願いを私は以前から持っていた。そのため、本書では前半第1部を国際金融論の理解に必要なマクロ経済学の基本とし、第2部で国際マクロ経済学の内容を解説している。第1部は第1章から読むことで全体を理解できるようになっているが、マクロ経済学で使われるモデルのさらに基礎的な理論は第6章にまとめてあるので、必要に応じて読んでもらいたい。すでにマクロ経済学の基礎を理解している場合には第2部から読み始めて構わない。また、経済学によく使われる数学についても付録の数学準備として簡潔にまとめている。

　最後に、大学教育出版の佐藤宏計さんには企画段階より多くの点で助けて頂いた。ここに記して感謝したい。

2023 年 12 月

慶應義塾大学総合政策学部

和田龍磨

基礎からの国際金融論

目　次

第 2 部　国際マクロ経済学

第1部

マクロ経済学の基本

第1章

基本概念の整理

マクロ経済学の基本概念のうち、生産と物価に関するものを取り上げる。これらは国際金融論を学ぶ上でも前提となる基礎知識である。

1. 経済の規模を測る：国内総生産（GDP）

1.1 GDP の定義と計算

一国の経済が一定の期間（多くは1年間）にその国内に存在する資本、労働、天然資源などの生産要素を用いて生産し、最終的に消費あるいは投資される財や、最終消費されるサービスの市場価値の合計を国内総生産、GDP（Gross Domestic Product）という。市場価格を用いて生産物の価値を評価する理由は主に2つある。1つは、鉄を1万t、車を100万台、などのように生産された財・サービスの名称と数量を列挙するよりも、それらを市場価格で総計してしまうことで1つの数字として容易に把握できることである。もう1つは生産物が多種多様にわたり、経済によって生産量も種類も異なるために、市場価格によって総計を求めなければ、国と国、あるいは年ごとの経済の規模を比較するのが容易にならないからである。

例：2022 年に本を 10 冊、コーヒーを 5kg 生産した経済を考えよう。本の価格は 1 冊当たり 2,000 円、コーヒーの価格は 1kg あたり 3,000 円であったとしよう。この経済の GDP は

$$10 \times 2,000 + 5 \times 3,000 = 35,000 \text{ 円}$$

である。

　なお、GDP を国内で生産された財・サービスの付加価値の合計ということもできる。これを下の例で確認してみよう。

例：国内の農家が小麦を 100 円で製粉業者に売り、製粉業者がパン屋に 200 円で小麦粉を売り、パン屋がパンを 700 円で消費者に売ったとしよう。農家の付加価値は（種などのコストはないと仮定すると）100 円、製粉業者の付加価値は 200 円 − 100 円 = 100 円、パン屋の付加価値は 700 円 − 200 円 = 500 円となるので、付加価値の合計は 100 円 + 100 円 + 500 円 = 700 円となり、これは最終消費されるパンの価格に等しくなる。

　一方で、一国の居住者の持つ資本、労働、天然資源などの生産要素を用いて生産し、最終的に消費あるいは投資される財や、最終消費されるサービスの市場価値の合計を国民総生産、GNP（Gross National Product）という。GDP と GNP の違いは、純要素所得と呼ばれる部分である。

1.2　名目 GDP と実質 GDP

　以上のように計算されるのが名目 GDP であり、生産された年での市場価格で評価されている。しかし、この名目 GDP には問題があり、ある年と別の年の GDP を比較した場合に市場価格が変化したために GDP が変化したのか、生産量が変化したことによって GDP が変化したのか、あるいはその両方なのかがわかりにくいことである。GDP の目的は経済の規模を測ることであり、時間を通じて経済の規模がどのように変化しているの

かを知る際に、価格の変化、量の変化が区別できないことは問題である。
このため、基準年における生産物の市場価格で測定されたある年の GDP
をその年の実質 GDP という。なお、基準年の実質 GDP はその年の名目
GDP に等しい。

例：さきほどの例と同じ経済が 2023 年には本を 12 冊、コーヒーを 6kg 生産し
た。2023 年の価格は本が 1 冊あたり 2,200 円、コーヒーが 1kg あたり 3,200 円で
あった。

2023 年の名目 GDP は、2023 年の市場価格で測った最終生産物の価値の総和
であるから、

$$12 \times 2,200 + 6 \times 3,200 = 45,600 \text{ 円}$$

となる。2022 年を基準年とすれば、2023 年の実質 GDP の計算には 2022 年の
市場価格を用いるので、

$$12 \times 2,000 + 6 \times 3,000 = 42,000 \text{ 円}$$

が実質 GDP となる。価格が基準年の水準で不変と仮定することで、基準年お
よび比較される年に生産された財・サービスの価値の総和である GDP を比較
する場合に、価格変動の部分をなくし、数量の変動をみることができるのであ
る。

名目 GDP と実質 GDP の比を 100 倍したものを **GDP デフレーター** と呼
ぶ。GDP デフレーターによって、基準年と比較される年の市場価格の差、
あるいは価格変動の部分を大まかに把握することができる。基準年の実質
GDP は名目 GDP に等しいので、基準年の GDP デフレーターは常に 100
となる。

2022 年の GDP デフレーター

$$\frac{35,000}{35,000} \times 100 = 100$$

2023 年の GDP デフレーター

$$\frac{45,600}{42,000} \times 100 = 108.57 \cdots$$

1.3　経済成長率

　GDP の変化率で表される経済の規模の変化率を経済成長率と呼ぶ。このときにわれわれの関心は価格上昇による経済規模の変化ではなく、数量の上昇による経済規模の変化にあるので、通常実質 GDP の変化率を経済成長率という。

2.　物価とインフレーション

2.1　物価の定義

　個別の財あるいはサービスの値段のことを価格といい、例えばリンゴの価格が 1 個 300 円などのように表現する。一方で物価とは多くの財やサービスの価格を何らかの方法で平均したものである。われわれが生活していく上で生活に必要な消費額を生活費というが、この支出額は購入する財やサービスの量が変わらなくてもそれらの価格が変わることで変化する。例えば、毎月購入している食品の価格や賃料が上昇すると生活費が高くなり、このときもしも収入が変わらないのであれば生活は苦しくなる。しかし、臨時のイベントや収入増減などにより、購入する財やサービスの数量や種類が月ごとに変化することもしばしばあり、これらも生活費に変化をもたらす。このため、生活費の変化は財・サービスの価格の変化と、財・サービスの購入量の変化の両方によって起こるが、価格の変化のみによる生活費の変化を測定することにより、多くの財・サービスの価格がわれわれの生活に与える影響を見るために必要な情報が物価である。具体的に

は、消費者の購入する財やサービスが含まれるバスケットを仮定し、この
バスケットを1個購入するために必要な費用を生活費とする。そしてこの
生活費が**物価**である。また、物価上昇率を**インフレーション率**という。

例：バスケットに含まれるものが鶏肉1kg、豚肉2kgとしよう。これは基準
年である2020年において典型的な家計が1か月に購入したものとし、その年
における消費鶏肉と豚肉の価格は、それぞれ1kg当たり2,000円と1,500円と
しよう。すると2020年にこのバスケットを1つ買うために必要な金額は5,000
円となる。翌年の2021年には鶏肉と豚肉の金額がそれぞれ2,100円と1,800円
に上昇したとすると、バスケットの価格は5,700円となる。2022年には価格が
2,100円と1,900円であったとすると、バスケット価格は5,900円となる。

　2020年、2021年、2022年の物価は、それぞれの年のバスケット価格である
5,000円、5,700円、5,900円である。2020年から2021年にかけての1年の間に
物価は上昇しており、その上昇率であるインフレーション率は

$$\frac{5,700-5,000}{5,000} \times 100 = 14\%$$

であり、2021年から2022年にかけてのインフレーション率は

$$\frac{5,900-5,700}{5,700} \times 100 = 3.5\%$$

である。

2.2　消費者物価指数とインフレーション

　基準となる年を設定し、その年の物価を100とするのが物価指数であ
る。例えば2022年を基準年とし、2023年の物価指数が102だとすれば、
2%の物価上昇が起きたことになり、インフレーション率は2%である。

例：物価指数とは、基準年の物価を 100 として、各年の物価を評価したものである。すると、2021 年と 2022 年の物価指数はそれぞれ、

$$\frac{5,700}{5,000} \times 100 = 114$$

$$\frac{5,900}{5,000} \times 100 = 118$$

となる。

　目的は生活費の変化を知るためであるので、市場で取引される財・サービスのうち、消費者が頻繁に購入する財・サービスには大きなウェイトがおかれ、逆に消費者があまり購入しない財・サービスには小さなウェイトがおかれるか、バスケットから除外されることになる。とはいえ、消費者物価指数が生活費の変化を正しく把握しているかという問題は常に問われている。バスケットが不変という仮定で物価指数が計算されているが、相対価格が変化した場合に家計は通常、消費量を変えて価格の変化に対処する。すると、バスケットが不変という仮定から計算される物価指数は実際の生活費の変化を高めに示している可能性がある。

　次の例で確認してみよう。

例：鶏肉 1kg と豚肉 2kg からなるバスケットを考える。2018 年に鶏肉は 1kg あたり 1,800 円、豚肉は 1kg あたり 1,500 円であったとする。すると、2018 年のバスケット価格は

$$1 \times 1,800 + 2 \times 1,500 = 4,800 \text{ 円}$$

である。2019 年に鶏肉と豚肉の価格はそれぞれ、1,400 円と 2,000 円に変化したとする。すると 2019 年のバスケット価格は

$$1 \times 1,400 + 2 \times 2,000 = 5,400 \text{ 円}$$

となり、生活費が 12.5% 増加したことになる。ところが、多くの家計は鶏肉の消費量を 2kg に増やして豚肉の消費量の 1kg に減らしたが、特に不満はなかった

とする。この場合、実際の生活費は

$$2 \times 1{,}400 + 1 \times 2{,}000 = 4{,}800 \text{ 円}$$

で 2018 年と変わらない。

2.3 GDP デフレーターと物価指数

GDP デフレーターは名目 GDP と実質 GDP の比であり、GDP の計算にはその年生産された最終消費および投資されたすべての財・サービスが含まれるので、それらの価格が反映されている。ところが、消費者物価指数は典型的な家計が購入する財・サービスについての価格を反映しており、GDP デフレーターほど網羅的ではない。

2.4 コアインフレーション

バスケットに含まれる財・サービスのうち、エネルギー価格と食料（特に生鮮食品）は価格の変動が激しい財である。石油やガスといったエネルギー価格は、国内市場の需給関係よりもむしろ外国市場での需給関係、とりわけ供給量によって大きく変化し、また生鮮食料品価格も天候など供給側に起因する要因による変化が大きい。このため、国内経済の状況を確認し、政策につなげるような目的で物価変動を知る必要がある場合には、コアインフレーションという、エネルギーと食料品の価格変動を除いたインフレーション率が使われることが多い。

練習問題

1. 以下の表はある経済における生産量と生産物価格についてまとめたものである。例えば、2020 年における生産量は本 100 冊と椅子 20 脚であった。本の価格は 8,000 円で椅子の価格は 20,000 円であった。

	本生産量	本価格	椅子生産量	椅子価格
2020 年	100	8,000	20	20,000
2021 年	90	8,600	24	22,000
2022 年	105	8,500	25	22,000

1.1　2020 年、2021 年、2022 年それぞれの名目 GDP を計算しなさい。

1.2　2021 年を基準年としたときの実質 GDP を各年について求めなさい。

1.3　2021 年を基準年として GDP デフレーターを各年について求めなさい。

2.　以下の表はある家計が購入しているコメと牛乳の消費量と価格をまとめたものである。この表から、例えば 2020 年はコメを 30kg と牛乳を 80ℓ 消費し、コメの価格は 1kg あたり 1,000 円、牛乳の価格は 1ℓ あたり 110 円であったことがわかる。

	コメ消費量	コメ価格	牛乳消費量	牛乳価格
2020 年	30	1,000	80	110
2021 年	32	1,100	85	120
2022 年	34	1,200	79	130

2.1　2021 年の消費量をバスケットとして 2021 年を基準年とする。2020 年、2021 年、2022 年のそれぞれについて物価指数を求めなさい。

2.2　インフレーション率を計算しなさい。

3.　Federal Reserve Bank of St. Louis の FRED データベースから、アメリカの実質 GDP データを四半期で、1947 年第 1 四半期から 2022 年第 4 四半期まで取得しなさい。

https://fred.stlouisfed.org/series/GDPC1

3.1　対数を取りデータをプロットしなさい。

3.2　数学準備 3.3 に従い、年率換算した経済成長率を各期について計算し、

プロットしてグラフを作成しなさい。

3.3 全期間の平均経済成長率を計算しなさい。

3.4 全期間を 1947 年第 1 四半期から 1973 年第 1 四半期までの期間①と、残りの期間②に分け、それぞれの期間の平均成長率を計算しなさい。平均成長率に変化があったと言えるか、答えなさい。

第 2 章

財・サービス市場：貯蓄と投資

　財・サービス市場の均衡について学び、短期の均衡国民所得がどのように決まるのかを考察し、財・サービス市場が均衡となる金利（利子率）と国民所得の組み合わせである IS 曲線を導出する。さらに財政政策などによって IS 曲線がどのようにシフトするかを学ぶ。

1. マクロ経済についての基本概念

1.1 国内総支出、国内総生産、国民総生産、粗国民可処分所得

　国民経済計算上の会計概念を整理しよう。まず、1 年間に国内で支出されたものを**国内総支出**（GNE）という。これは消費 C、投資 I、政府支出 G の合計であり、

$$GNE = C + I + G$$

となる。**国内総生産**（GDP）とは、国内で生産されたものであり、この生産は最終的に誰かによって使われる（支出される）。

　わかりやすい例として、1 農家と政府からなる経済を考えよう。農家は生産したものを、消費するか来年以降の生産のために投資として貯蔵するかを決定するとしよう。生産が 100 であり、来年に蒔く種（投資）として 15 を確保するとしよう。税金として政府に 10 支払うとする。残りの 75 は消費する。このとき、この経済の総所得はいくらになるだろうか？　生産

100 がこの経済（農家）の税引き前所得であり、農家はそこから納税を行った後に 15 の投資支出と 75 の消費支出を行っている。政府は 10 の税収があるが、これは政府購入に充てられる。ここでは、生産物を 10 購入するために使われるとする。国内総支出は農家の支出である消費と投資の和に政府支出を合計したものになるので

$$C + I + G = 75 + 15 + 10 = 100$$

となる[1]。

必ずしも国内で支出されるとは限らず、国外に輸出（EX）されることもある一方、国内で支出される消費には外国で生産されたものが含まれるため、国内総生産がどのように支出されるかを考えるとき、国外で生産されて国内に輸入（IM）されたのちに国内で支出されたものを差し引く必要がある。つまり、

$$GDP = C + I + G + EX - IM \tag{2.1}$$

である。

国民総生産（GNP）は国内での生産ではなく、国内居住者の資本・労働といった生産要素を使って生産されたものの総価値である。GDP との違いは、国外で作られても国内資本で作られたものであれば GNP の一部として計算されるということである[2]。例えば、アメリカにある日本の資本で作られた工場で生産された自動車はアメリカの GDP の一部であって日本の GDP の一部にはならないが、日本の GNP には、その価値の一部が計上されるのである（この自動車の価値のうち、アメリカの労働を使ったものは日本の GNP には入らない）。この GNP には日本国内で支出したものに加え、資本あるいは労働を提供したことによる国外からの所得の受け取り

---

[1] 政府が均衡財政を行わず、政府支出が税収を上回る場合については、農家が政府に貸し付けを行う形になるので消費、投資、政府支出は式の値と異なるが、それらの合計である国内総支出は 100 となる。

[2] この点については第 10 章で学ぶ。

と、国外から資本・労働の提供を受けたことに起因する国外への所得の支払いの差が含まれる。これを純要素所得（Net Factor Payments, NFP）という。なお、NFP は資本および労働サービスを国外へ輸出したことに対する報酬と理解できる。つまり GNP は

$$GNP = C + I + G + EX - IM + NFP$$

と定義される。

　最後に、粗国民所得と国民所得に触れておこう。**粗国民可処分所得**（Gross National Disposable Income, GNDI）とは、GNP に第2次所得収支（Net Unilateral Transfer, NUT）と呼ばれる、所得の移転を加えることで求められる。これは国外に住む年金受給者への年金の送金、あるいは政府開発援助などが含まれる。**国民所得**（National Income, NI）は GNP から資本減耗を除いたものである。それぞれ、

$$GNDI = C + I + G + EX - IM + NFP + NUT$$

$$NI = C + I + G + EX - IM + NFP - 資本減耗$$

である。

1.2　国内総貯蓄

　国民経済計算上の貯蓄とは、一定期間（通常1年間）の所得のうち、使われずに残される額（フロー）をいい、日常的に貯蓄という言葉の意味する貯蓄残高（ストック）ではないことに注意が必要である。

　国内総貯蓄を

$$S = Y - C - G$$

と定義する。ここで **Y** は**粗国民可処分所得**であるが、**便宜的に GDP** としよう（つまり、純要素所得など外国との所得の取引が差し引き0ということにしよう）。貯蓄がなぜこのような定義になるかを知るには、政府部門の貯蓄

と非政府（民間）部門の貯蓄をそれぞれ定義する必要がある。それらは

$$Sg = T - G$$

$$Sp = Y - T - C$$

である。政府部門の貯蓄 Sg は税収 T から政府支出 G を除いた財政収支であり、この貯蓄は正（財政黒字）にも負（財政赤字）にもなりうる。

　非政府（民間）部門の貯蓄は、税引き後の所得から消費を差し引いたものであり、これを貯蓄と呼ぶことは自然である。さて、この2つの貯蓄を足し合わせると、

$$Sg + Sp = Y - C - G$$

となり、国内総貯蓄となる。さらに、国内総貯蓄については、差し引きで**外国とのやり取りがない、あるいは差し引き0**（$EX - IM = 0$）**とすると**

$$S = Y - C - G = (C + I + G) - C - G = I$$

となる。つまり、**国内総貯蓄は投資に等しい**。

1.3　貯蓄の形と貯蓄残高の変化

　国内総貯蓄は実際にはどのような形態をとるのであろうか？　民間貯蓄として定義される所得から税金と消費を除いたものについて、個人や家計では金融資産（株式・債券・預金）の取得および現金保有が考えられる。この金融資産のうち、株式の取得は間接的に企業の資本を所有することになり（投資）、債券については貸し付けである。また現金については会計的には中央銀行の債務であるので、便宜的に中央銀行への貸し付けと考えることができる。

　金融資産のうち投資である株式を除いて考えると[3]、ある経済主体の貸

---

[3] 注意：新規発行株である場合を除き、株式の取得は株式の持ち主が変わっただけであり、経済全体でみれば投資にはならない。

し付けは別の経済主体の借り入れとなっており、外国への貸し借りがない
と仮定すれば経済全体での貸し付け（あるいは借り入れ）の総和は 0 にな
る。すると、ストックである貸付残高（あるいは借入残高）の国内での
総和も 0 となるはずである。もし貸し付けの国内総和が借り入れの国内総
和を上回るのであれば、それは国外に貸し付けていることになる。このと
き、ストックである正味資産残高は、それが正であれば外国への貸し付け
を意味し、負であれば外国からの借り入れを意味するために**対外純資産残
高**と呼ばれる。

2. 財・サービス市場の均衡

2.1 財・サービス市場の均衡とは

　生産されたものは誰かによって支出される、というのが国民経済計算の
基本的な考え方であるが、実際には生産されても買い手がつかず売れ残る
ことがある。これは、生産という供給よりも需要が少ないことによる。逆
に需要が供給を上回り、買いたいが買えないという状態も考えられる。こ
こでは、財・サービス市場の均衡を考えよう。

　まず、なぜ需要が供給に一致しない事態が起きるのであろうか？ ミク
ロ経済学で学ぶように、需要が供給よりも大きければそれらが一致するま
で価格が上昇して市場均衡が起き、逆の場合には価格の下落を通して需
給が一致するはずである。実際に農産物や鮮魚などは競りによって価格が
決定することで市場均衡が起きるほか、株に代表されるような金融資産の
多くは価格が時々刻々変化し、市場均衡が達成される。ところが、経済全
体を見渡すと、価格がすぐには変化しない財・サービスが多く存在してい
る。そのようなサービスの典型は労働であり、その価格である賃金が頻繁
に変化しないことはよく知られている。日本のいわゆる正社員の場合には
何らかの俸給表のようなものによって給与が決められており、定期昇給の
ようなものを除けば、ベースアップのように俸給表が書き換わることは最
大でも 1 年に 1 度程度である。この結果、高い給与を望んで仕事に応募し

てもなかなか採用されないという労働の超過供給が起きることが現実には
しばしば観察される。いわゆる非正規雇用でも賃金が労働需要と労働供給
を一致させる水準まで迅速に変化することはほとんどなく、結果として人
不足のような労働の超過需要も起きる。そのほかには、店頭で売られる品
物でも、バターなどは天候の影響で供給が減少したり、一時的な需要の変
化が比較的に起こりやすいが、品不足や過剰が起きても価格が大きく上下
することはなく「おひとり様1点限り」となったり、廃棄されることもあ
る。

　ここで重要なことは、ミクロ経済学が想定するような価格による需給調
整および市場均衡の達成は必ずしも容易に起こらないということである[4]。
これは市場均衡が起こらないということではなく、短期間には価格の多く
（すなわち物価）が十分に伸縮的に変化しないということによる。このた
め、マクロ経済学ではしばしば、短期には物価が固定あるいは緩慢にしか
変化しないという仮定に基づいて議論を進める。トートロジーのようであ
るが、短期とは、物価が十分に変化しえない時期を指す。

2.2　均衡条件

　経済全体でみたときの国内総生産を Y とし、総需要を D としよう。こ
こで D を構成するものが何かを考えると、支出と同じく、消費需要、投資
需要、政府支出需要、外国からの（純輸出）需要となる。最後の純輸出に
ついては、輸出が国内で生産された財・サービスが国外に流れるので足さ
れる一方、輸入は国外で生産された財・サービスであるために差し引く必

---

[4] なぜ短期に価格の多く（すなわち物価）が伸縮的に変化しないのかという問題も大変重
要である。標準的なミクロ経済学が想定するように多くの生産者がいないことによって、
何らかの価格設定力を持つ企業が存在し、そのような企業は戦略的に価格を設定するが、
この際に情報が不完全であったり、何らかの理由で事前に価格設定をする必要があったり
するために外的なショックに応じた価格設定が容易ではない、などの説明が存在する。た
だし、ここではそのような「なぜ価格が伸縮的ではないのか」という問題については省略
し、観察事実に基づき、物価は短期では伸縮的に変化しないと仮定する。

要があることに注意しよう。それらを式で表せば

$$D = C^d + I^d + G^d + EX^d - IM^d \qquad (2.2)$$

となる。添え字の d は需要を表すので、必ずしも実際の消費支出、投資支出、政府支出、外国からの支出に一致するとは限らない。この需要の式（2.2）を使って、財・サービス市場の均衡は

$$Y = D = C^d + I^d + G^d + EX^d - IM^d$$

となる。

2.3　総需要

　ここではまず単純化のために、閉鎖経済あるいは輸出と輸入が等しくなっている様態を考えて純輸出を 0 とし、その上で残る 3 つ需要について 1 つずつみていく。消費は可処分所得の関数と考えられる。可処分所得とは、所得のうち、支払わなければいけない税を差し引いたもので、$Y - T$ である。可処分所得が増えれば消費も増えると考えられる。このため、消費を可処分所得の関数として $C(Y - T)$ と書く[5]。

　次に投資について考えよう。企業が投資を決定するにあたって重要なことは、投資によって資本を増やしたときのその資本の収益率と資本調達費用の関係である。資本 1 単位あたりの資金調達費用を金利とすると[6]、金利が高いときには、利益を確保するためにはそれに見合う高い収益率を持つ投資しかできないが、金利が低ければあまり収益率の高くない投資も可能になる。したがって、投資は金利の関数として $I(r)$ と書ける。ここで r は金利である。最後の政府支出については、政府が決めるので、何らか

---

[5] モデルの単純化のためここでは省略しているが、個人が株や債券、土地などの資産を持つ場合、それらの評価額の上昇は現在の Y や T が変化しなくても消費に影響を与える。このような効果を**資産効果**（wealth effect）という。資産価格が上昇すれば消費が増加し、資産価格の下落は消費の減少につながる。

[6] 厳密には資本財価格を金利と資本減耗率に掛けたものとなる。第 6 章の議論を参照。

の関数ではなく単に G としておこう。すると、総需要は

$$D = C^d + I^d + G^d = C(Y-T) + I(r) + G$$

となる。均衡では総需要は総供給 Y と等しくなるので均衡条件は

$$Y = C(Y-T) + I(r) + G$$

である。先に生産と分配は等しいので $Y = C + I + G$ が常に成り立つことをみた。では均衡条件は常に成り立つということであろうか？

　そうではない。ここは非常にわかりにくく、また表現が紛らわしいのであるが、均衡条件に含まれる投資 $I(r)$ または I^d と、常に成り立つ恒等式 (2.1) に含まれる投資 I は実は異なるものなのである。前者の $I(r)$ または I^d は投資需要であるのに対し、後者の I は実際に行われた投資量（額）なのである。なぜこの2つには差異が存在しうるのであろうか？　現実には需要が供給に一致する保証はなく、生産したにもかかわらず売れ残ってしまうことがある。統計上、これは生産した企業が在庫として投資したものとみなしている。したがって、恒等式 (2.1) に現れる投資 I は意図した投資 $I(r)$ のほかに、意図しなかった在庫投資が含まれている。もしも翌年の需要が予想以上に強く、在庫を切り崩す場合にはこの在庫投資はマイナスになりうる。

2.4　45度線と均衡、IS 曲線

　常に均衡になるとは限らないのであれば、なぜそれほど均衡に拘って分析するのであろうか？　答えは、常に均衡にならないとしても均衡に向かう力が働くからである。このことを説明するために、まず均衡を図示しよう。図 2.1 に、はじめに 45 度線を書き入れよう。原点を通る 45 度線とは、傾きが1の一次関数であり、横軸が x で縦軸が y のときには $y = x$ となる関数である。すなわち、この直線上では横軸の値と縦軸の値は等しい。図 2.1 にあるように、ここでは縦軸に総需要 D を取り、横軸に総生産＝所得 Y を取ろう。すると、需要には消費が含まれ、これは Y の関数であるの

で、税 T を固定し、金利 r をひとまず r_0 で一定とすると、D は Y の関数として右上がりの直線になる（一般的には曲線になるが、ここでは単純化のために直線とする）。所得が1増えたとしても通常、消費の増分は1以下であることから、直線 D の傾きは1以下である（45度以下である）。すると、直線 D と45度線の交点が均衡生産水準となる。ここで均衡水準の国民所得は Y_0 である。次に、もしも生産が均衡水準より高かったらどうなるであろうか？　Y_2 に対応する需要は D_2 であり、横軸を見るとこれは Y_2 よりも低い水準である。すなわち、総供給＞総需要になっているので、売れ残りから企業は在庫投資を増やしている状態である。企業にとっては在庫を抱えることによるコストも発生するので、企業は生産水準の見直しを行い、早晩生産量を減らすと考えられる。このため、生産は Y_2 から減少し Y_0 の方向に向かうのである。逆に生産が均衡水準の Y_0 より低い Y_1 で行われたとしよう。縦軸から明らかなように、この場合には総供給＜総需要である。需要が強いのであれば企業はさらに生産を行うことで利益を増加させることができる。結果、生産は Y_1 から Y_0 の方向へと動くことになる。このようにして、実際の生産水準が均衡生産水準 Y_0 でなかったとしても、Y_0 に向かう力が働くのである。

　ここで、これまで一定と仮定してきた金利 r を変化させることを考える。もし金利 r が r_0 から r_1 へと上昇したら、均衡生産水準は増加するであろうか、あるいは減少するであろうか？　r は総供給を表す直線 D の構成要素のうち投資にのみ影響を与え、r の上昇は I の減少となるので、直線 D は下側にシフトすることになる。D の傾きは所得と消費の関係で規定されるので、r が D の傾きを変えることはない。すると、45度線との交点で示される均衡生産水準、均衡国民所得は減少することになる。繰り返すと、r が上昇すると均衡国民所得 Y は減少するのである。この右下がりの曲線を **IS曲線** と呼び、IS曲線上では金利とそれに対応する均衡国民所得が示されている。

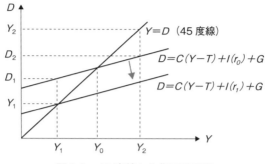

図2.1　45度線と均衡国民所得

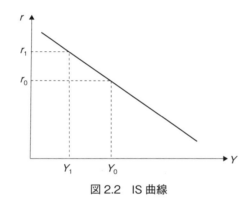

図2.2　IS曲線

2.5　IS曲線のシフト

　政府の財政政策を考えよう。ここまで一定と仮定してきた政府支出 G が増えると、総需要は増加する。これは図2.1の需要 D 直線の上方シフトを意味し、図2.3のようになる。なぜならば、様々な供給（横軸）の値に対して需要（縦軸）が G の上昇分だけ増加するからである。すると45度線との交点で示される均衡国民所得は増加することになる。この際、投資に影響を与える金利 r は変化しないという仮定であるので、均衡国民所得と金利の関係を描いている IS 曲線には何らかの変化が起きなくてはならない。つまり、既存の IS 曲線は G が増加したときには金利とそれに対応する均衡国民所得の組み合わせではないのである。G が増加すれば、ある水

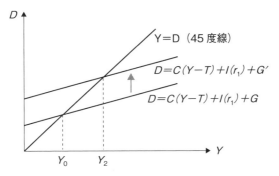

図 2.3　財政支出の *G* から *G′* への拡大

準の金利について横軸で測られる均衡国民所得は高くなるので、IS 曲線は図 2.4 にあるように、右にシフトすることになる。

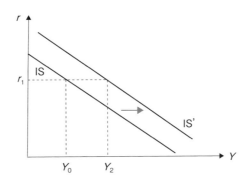

図 2.4　財政支出の拡大に伴う IS 曲線の右シフト

　では別の財政政策である増税はどのように IS 曲線に影響を与えるであろうか？　増税、すなわち *T* の増加は可処分所得 *Y−T* を減少させる。これは消費 *C* を減少させるので、図 2.1 の需要 *D* 直線を下側にシフトさせ、均衡国民所得を減少させる。すると、任意の金利 *r* について均衡国民所得が減少するので、IS 曲線は左にシフトすることになる。反対に、財政政策として減税を行えば、IS 曲線は右にシフトすることになる。

　最後に、何らかの悲観的な予測により、消費や投資が減少する場合を考えよう。一般に、可処分所得が変化しないにもかかわらず消費が減少す

る、あるいは金利が上昇せずとも投資が減少する場合には、総需要曲線は下側にシフトする。すると均衡国民所得はどの金利水準についても減少するので、これは IS 曲線を左にシフトさせることになる。逆に将来への楽観的な期待から消費や投資が増える場合には IS 曲線は右にシフトすることになる。

2.6　IS 曲線の名称：貯蓄と投資の一致としての財・サービス市場の均衡

なぜ財・サービス市場の均衡を表現したものが IS 曲線と呼ばれるのであろうか？　外国との取引を省略すれば、会計上は $S=I$ となるが、金利 r による調整が起きて $I=I^d$ となれば財・サービス市場の均衡と言えるため、$S=Y-C-G=I^d$ が均衡条件となり、$S=I^d$ を満たす Y と r の組み合わせが IS 曲線によって示されているのである。

繰り返すことになるが、$S=I$ で示される貯蓄と在庫投資を含んだ事後的な投資の一致は、会計の定義上常に成り立つが、$S=I^d$ で示される貯蓄と企業が望む投資の一致は均衡条件であり、常に成り立つとは限らない。なお、均衡でない場合は

$$S>I^d \leftrightarrow Y>C+I^d+G \quad 超過供給$$

$$S<I^d \leftrightarrow Y<C+I^d+G \quad 超過需要$$

と理解できる。

練習問題

1. 企業に投資を促進させるような減税（投資減税）政策を考えよう。この政策によって IS 曲線はシフトするであろうか？　シフトする場合にはどの方向へシフトするか、答えなさい。

2. $Y=300$、$C=200$、$G=30$、$T=40$ とする。

   2.1　政府貯蓄と民間貯蓄を求めなさい。

   2.2　投資額を求めなさい。

2.3　投資が金利の関数として$I^d = 100 - 600r$で与えられるとき、貯蓄と投資を均衡させる金利を求めなさい。

3. 財・サービス市場が均衡ではなく、超過供給の状態にあるときに経済はIS曲線の右（上）あるいは左（下）のいずれにあるか、理由とともに述べなさい。

第3章

貨幣量、金利と貨幣市場

　貨幣とは何か、どのように定義できるのであろうか？ 金利はどのように決まるのであろうか？ 中央銀行の役割とは何であろうか？ 金利に影響を与えるのは何であろうか？

1. 貨　　幣

1.1　貨幣とは何か
貨幣には3つの機能があると考えられる。それらは
第1の機能．交換媒体（medium of exchange）
第2の機能．価値尺度（unit of account）
第3の機能．価値貯蔵手段（store of value）
である。
　第1の機能は、貨幣があることによって、人々が物々交換に頼らなくてよいというものである。物々交換のためにはまず、自分の欲しいものを持っていてかつ、自分の持つものを欲しがっている人を探さなければならない。これを欲求の二重の一致といい、そのような相手を探すのは現実には難しいと思われる。ところが、誰もが喜んで受け取る貨幣があれば、自分の欲しいものを持っている人に貨幣とそのものを交換してもらうことが可能になる。
　第2の機能は貨幣によって、10円、100円、1,000円などというように

価値が数値化されるということである。数値化によって1個100円のカップには1個10円の紙コップの10倍の価値があることが誰の目にも明らかになる。もし貨幣がなければそれぞれの価値が明らかにならず、カップと紙コップの価値の違いが10倍であることはわからないであろう。また、数値化によって例えば、売り手は1,000円では売りたくないが1,100円であれば売りたい、ということも可能になる。

　第3の機能が言うところは、貨幣は腐敗することがないので、将来にわたってその価値を保つことができるということである。もちろん、インフレーションによって買えるものの数量が変化することによる価値の変化はありうるが、ここでは物理的に腐らない、消失しないという意味である。

　このように貨幣を機能面から捉えると、いくつかの財は貨幣になりうる。歴史的には希少価値のある金属、すなわち金や銀が貨幣として使われた。

1.2　貨幣と流動性

　ここで重要な概念を定義しよう。売買取引の際には買手が売手に支払いを行うが、どのような方法でもよいというわけではない。現金であればほとんどすべての場合に売手が受け取ってくれるが、銀行に預金してあるお金や国債、株での支払いが認められることはほとんどない。ある資産を、売手に受け取ってもらえる支払い手段に替えるための容易さと速さを測るものとして「流動性（liquidity）」を定義しよう。すると現金はそれ自体が支払い手段となるので流動性が最も高い。銀行に預けてあるお金である預金であっても、オンラインバンキングなどによっては直ちに支払いを完了することも可能であるから、銀行普通預金も現金のように流動性が高いと言える。国債や株の流動性は預金ほど高くはないが、土地や建物といった資産に比べれば流動性は低くない。土地や建物を支払い手段とするにはまず現金化する必要があり、そのためには時間もコストもかかるのが通常である。

　支払い手段としての貨幣も、どのような資産を貨幣と呼ぶべきかについ

ては慎重に考えなければならない。支払い手段となり得ても微妙に流動性が異なるからである。

1.3 貨幣量の測定

貨幣量の測定には、以下のような測定法が使われる。

・マネタリーベース

M0（ベース）：流通通貨＋市中銀行現金保有高（銀行内保有現金、中央銀行への当座預金を含む）

・マネーストック（マネーサプライ）

M1：流通貨幣＋要求払（当座・普通など）預金

M2：M1＋準通貨（定期預金など）＋CD

ここで流通通貨は人々が持つ現金の量である。中央銀行以外の銀行が所有する現金も流通している通貨と考えられるが、これはここでいう流通通貨には含まれず、市中銀行現金保有高に含まれる。CDとは譲渡性預金のことであり、一定額が入った定期預金を売買できるものと考えるとわかりやすい。定期預金もCDも、支払い手段にならないことはないが、普通預金ほどの流動性はないと考えられる。M1とM2の違いは主に流動性の違いであり、M2はM1に比べると、支払い手段となるが流動性が低い資産が含まれている。マクロ経済学ではM1を貨幣量の統計とみなすことが多い。

1.4 信用創造と貨幣量

貨幣量（マネーサプライ）の決定には銀行が果たす役割が非常に大きい。まず、どのようにして各銀行が貸し出しと預金受け入れによってマネーサプライを増加させるかを見てみよう。

銀行のバランスシート（貸借対照表）では、資産に現金、貸出、準備預金、国債などが計上され、負債には預金者から預かったお金である預金な

どが計上される。

　ここでまず、ある預金者が 1,000 円を預金したとしよう。預金は銀行のバランスシートでは負債になることに注意する。銀行は預金引き出しに備えて、預金を準備預金として中央銀行に預けておかなければならない。定義ではこの準備預金は市中銀行現金保有高となるが、これは中央銀行に預けずに市中銀行内に置いてある現金も含むからである。簡略化のために以下では市中銀行保有高を準備預金と呼ぶ。仮に今、この準備率を 100% とすると、1,000 円の預金のすべてを準備預金とすることになる。現金の 1,000 円は理論的には市中銀行からの中央銀行頂け金として中央銀行に戻るため流通通貨から 1,000 円が減るが、その代わりに準備預金と要求払い預金が 1,000 円増えるので、マネタリーベースである M0 もマネーサプライである M1 も変化しない。

・準備率 100% の場合

表 3.1　準備率が 100% のときの銀行のバランスシート

資　産		負債・資本	
準備預金	1,000	預金	1,000

・準備率 10% の場合

　ここで、準備率を 10% としよう。すると、銀行は 900 円を貸出するので左側（資産）が変化する。

表 3.2　準備率が 10% のときの銀行のバランスシート

資　産		負債・資本	
準備預金	100	預金	1,000
貸出	900		

貸出は、最終的にはどこかの銀行に預けられることになり、この銀行でもさらに預金の 90% が貸し出しされる（表 3.3）。

表 3.3　準備率が 10% で、預金を受け入れて貸出を行った後の他の銀行のバランスシート

資　　産		負債・資本	
準備預金	90	預金	900
貸出	810		

このプロセスが他の銀行でも続くことになる。

このように考えると、銀行部門全体では

$$預金 = 1{,}000 + 900 + 810 + 729 + \cdots = 1{,}000 \times \frac{1}{1-0.9} = 10{,}000$$

$$準備預金 = 100 + 90 + 81 + \cdots = 100 \times \frac{1}{1-0.9} = 1{,}000$$

となる。ここで注意すべきは、準備率を 10% とすることによって準備率 100% の場合と比べて預金額が 10 倍になるものの、合計の準備預金は変わらない。つまり、M1 は 10 倍になるが M0 は不変ということである。このことは、マネーサプライは 10 倍増加するが、マネタリーベースは不変であると言い換えることもできる。

1.5　金融政策と貨幣量：公開市場操作

では、中央銀行が公開市場操作として、銀行から 1,000 円分の国債を買い入れたらどうなるであろうか？　中央銀行は国債を所有している銀行から買い入れるが、ここではまず、国債を 1,000 円分保有する銀行があると仮定しよう。

表 3.4　国債を保有する銀行のバランスシート

資　産		負債・資本	
国債	1,000	純資産	1,000

　買い入れに当たって、中央銀行はこの銀行の中央銀行当座預金に 1,000 円を支払うため、バランスシートは買い入れ後に以下のようになる。

表 3.5　国債を中央銀行に売却した後の銀行
　　　　のバランスシート

資　産		負債・資本	
準備預金	1,000	純資産	1,000

　ここで、準備預金すなわち M0 が 1,000 円分増加している。この銀行には預金者からの預金はないので、1,000 円すべて貸出が可能である。するとバランスシートは以下のようになる。

表 3.6　準備預金を貸出にあてた後の銀行の
　　　　バランスシート

資　産		負債・資本	
準備預金	0	純資産	1,000
貸出	1,000		

　貸出を受けた人が 1,000 円をどこかの銀行に預金し、準備率 10% の下で貸出を行えば、M1 は 10 倍になるため、10,000 円増加し、M0 はこれ以上変化しないので、中央銀行の国債買い入れによる変化は M1 が 10,000 円であり、M0 が 1,000 円である。しかし、人々は銀行から貸出されたお金をすべて預金することになるのであろうか？　銀行は受け入れた預金から、法定準備率を残してすべて貸出を行うのであろうか？

1.6　貨幣供給量はコントロールできるか？

　これまで、貨幣市場のモデルなどマクロモデルにおいて、中央銀行が貨幣供給量（マネーサプライ）をコントロールできるという仮定を置いてきた。しかし実際には中央銀行は必ずしもマネーサプライをコントロールできるとは限らない。どういうことであろうか？　これを理解するために、まずマネタリーベース（MB）とマネーサプライ（MS）を簡略化のためにそれぞれ、

$$MB = CU + Res$$

$$MS = CU + Dep$$

と表現する。1.3での定義に従い、CU は流通通貨、Res は市中銀行現金保有高、Dep は要求払い預金である。マネタリーベースは中央銀行に預けられる準備金を含んでいるために、中央銀行がかなりの程度までコントロールすることが可能である。一方で、マネーサプライには前節の議論で明らかなように各銀行が受け入れる預金を含み、それが単純化の仮定（貸出を受けた人はすべてそのお金を預金する、銀行は受け入れた預金から法定準備率を残して貸出を行う）であるために、必ずしも中央銀行が直接コントロールできるものばかりではない。

　先ほどの2式を使って、マネーサプライとマネタリーベースの比を計算すると

$$\frac{MS}{MB} = \frac{CU + Dep}{CU + Res}$$

となる。右辺の分母と分子を Dep で割れば

$$\frac{\dfrac{CU}{Dep}+1}{\dfrac{CU}{Dep}+\dfrac{Res}{Dep}}$$

となる。これを書き換えて

$$MS = m \times MB$$

と表すことができ、ここで m は貨幣乗数と呼ばれるものであり、

$$m = \frac{\dfrac{CU}{Dep}+1}{\dfrac{CU}{Dep}+\dfrac{Res}{Dep}} \tag{3.1}$$

である。

　もし CU/Dep と Res/Dep が一定であり、時間を通じて変化しないのであれば貨幣乗数 m は定数であるので、マネーサプライは中央銀行が比較的容易にコントロールできるマネタリーベースの m 倍となり、中央銀行が比較的容易にコントロールすることが可能である。しかし実際には通貨預金比（CU/Dep）と準備金預金比率（Res/Dep）は変化しうるために、マネーサプライのコントロールは容易ではない。このことは特に金融危機の際に顕著である。

　例えば、銀行倒産の可能性があれば人々は資産を銀行に預金するのではなく、現金で持とうとするために通貨預金比が上昇する。また銀行は預金者の大量引き出しに備えるための準備預金比率を高めることがある。すると、簡単な計算から貨幣乗数 m は下落する。つまり中央銀行がマネタリーベースを増加させたとしても、マネーサプライは増加せずに危機を止めることができなくなるのである。このような貨幣乗数 m の下落は、預金保険によって預金が保護されることや、中央銀行が最後の貸し手となることによって防ぐことができる。

1.7　物価と貨幣供給量：長期の関係

　古典派によれば、長期には貨幣供給量（M）、物価（P）、実質GDP（Y）の間に**数量方程式**と呼ばれる

$$M \times V = P \times Y$$

という関係が成立する。ここで右辺は物価に実質GDPをかけたものであり、名目GDPとみることができる。左辺は貨幣供給量に流通速度Vを掛けたものである。もしこのVが長期では概ね安定しているとすると、実質GDPは長期には経済の持つ資本量、労働量、天然資源や生産技術によって決定されるため、貨幣供給量とは関係がなく、貨幣供給量Mの増加は物価Pを上昇させるのみである。さらに言えば、Mが10%上昇するとPが10%上昇するという関係にある。

　このように、名目変数と実質変数の区別を重要と考え、それぞれに影響を与えるものが異なるものであるという考えを**古典派の2分法**という。しかし、本当にVは長期的に安定しているのだろうか？　少なくとも短期ではそのようなことは言えない[1]。

2.　貨幣市場

2.1　貨幣需要

　各個人は、所有する財産のうちどれほどを貨幣で持つかを決定する。資産を貨幣で持つ利点は、その流動性にある。では欠点は何であろうか？　もし貨幣（ここでは現金と考えよう）を国債に替えて所有すれば、利子（利札）の支払いを受けられる。しかし敢えて貨幣で持つのであれば、得られるべき利子を犠牲にしているので、機会費用が発生している[2]。もち

---

[1] 練習問題2で確認する。

[2] 機会費用とは、他の選択をしていれば得られたであろうもの（お金・財など）を、その選択をしなかったことによって得られなかった場合に、その額をいう。例えば、日当1万円の仕事があるときに、1日中寝て過ごすときの機会費用は1万円である。これは1万円

ろん、長期間で平均すれば国債よりも収益率の高い株式で持つという選択肢もある。しかし、国債を持つことによって財産を失うということはほとんどない。債務が予定通りに履行されないことをデフォルト（債務不履行）と呼ぶが、先進国の国債がデフォルトすることはほとんどないからである。しかしながら、株式については株価の大幅な下落や、倒産によって株価が実質0になることがあるので、このようなリスクを考慮する場合、現金、国債、株式を似たものとしてポートフォリオ選択をするのは適当ではない。そこで、ここではリスクがほぼ0という点で共通する現金と国債を個人の選択肢として考えることにする[3]。

　まとめると、現金のメリットは流動性であり、国債のメリットは金利を得られることである。もし市場金利が高いのであれば国債を多く持って現金保有を減らした方がよい一方、金利が低ければ逆に国債を持つメリットは大きくないので、流動性というメリットに注目して現金を多く持った方がよい。すると、貨幣需要は金利（利子率）と逆の動きをすることになり、右下がりの曲線として貨幣需要関数を描くことができる。この議論を流動性選好仮説という。

　貨幣需要は金利以外にも、物価 P と国民所得 Y によっても変化すると考えられる。なぜならば、物価の上昇は、財・サービスの購入量に変化がなかったとしてもその購入に必要となる現金の増加を意味するので、人々は多くの現金を持つことになる。国民所得の増加は、財・サービスを多く購入することを意味するので、そのために多くの現金の準備を意味するからである。このことから、貨幣需要は

を失ったわけではないが、機会費用としてはそのように考える。同様に、ある工場が稼働していれば1日100万円の利益が出るときに、工作機械の故障によって1日稼働できなかった場合には100万円の機会費用が発生したと考える。

[3] なお、貨幣市場を英語でMoney Marketというが、通常Money Marketと言われるものは満期1年未満という短期の社債、国債、公社債、譲渡性預金（CD）などを扱う市場である。それらの資産は金利もリスクも異なるが、ある程度同様の高い流動性を持つという意味では共通している。ここでは単純化のために国債のみを考えている。

$$Md = P \times L(i, Y)$$

と書くことができ、両辺を P で割った

$$Md/P = L(i, Y)$$

とき、左辺を実質貨幣需要と呼び、右辺の $L(i, Y)$ を実質貨幣需要関数と呼ぶ。関数 L は金利 i と国民所得 Y の関数であり、先ほどの議論から、i が上昇すれば L は減少し、Y が上昇すれば L も増加する。

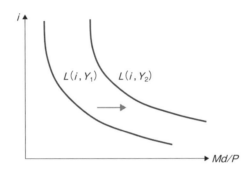

図3.1　国民所得の増加と貨幣需要曲線の右シフト

　図3.1において横軸を実質貨幣需要量、縦軸を金利 i とすると、ある固定された国民所得 Y_1 のもとで実質貨幣需要曲線が右下がりに描ける。もし国民所得が Y_1 から Y_2 へと増加すれば、先ほどの議論から、横軸で測られる実質貨幣需要は増加するので貨幣需要曲線は右にシフトする。

2.2　貨幣供給

　では貨幣供給はどのように決まるのであろうか？　1節で詳細に議論をしたが、ここでは単純化のために中央銀行が貨幣供給量を決定できるものとする。すなわち、金利とは関係なく、中央銀行が実質貨幣供給量を決めて供給するのである。この時、横軸を実質貨幣供給量 Ms/P、縦軸を金利とすると、図3.2のように貨幣供給量曲線は垂直線となる。

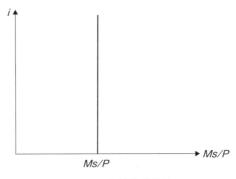

図 3.2　貨幣供給曲線

2.3　貨幣市場の均衡

貨幣市場の均衡では貨幣需要と貨幣供給が等しいので、$Ms = Md$、つまり

$$\frac{Ms}{P} = L\,(i,\ Y)$$

となる。図 3.3 の横軸を実質貨幣量（需要・供給）とすれば、需要曲線と供給曲線の交点が貨幣市場の均衡点であり、そのときの縦軸で測られる高さが均衡金利を示す。

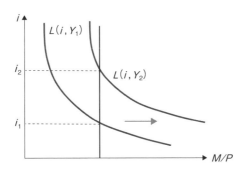

図 3.3　貨幣市場の均衡と国民所得増加による金利の上昇

もし所得 Y が変化したら、金利はどのように変化するであろうか？ すでに見たように、国民所得の Y_1 から Y_2 への増加は貨幣需要の増加となり、図3.3にあるように均衡金利を i_1 から i_2 へと上昇させる。また、貨幣供給の増加は貨幣供給曲線を右にシフトさせることで均衡金利を i_1 から i_3 へと低下させる（図3.4）。

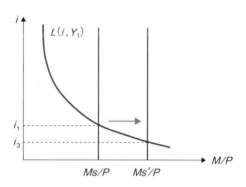

図 3.4　貨幣供給量の増加による利子率の低下

われわれがここで見ているのは実際には国債市場であるので、ここで国債と国債利回り、あるいは金利の関係について簡単に見ておくことにする。

2.4　国債価格、国債利回りと金利

ここに 10,000 円と書かれた政府発行の証書があり、1 年後に支払うという記述があるとする。つまり、この証書を 1 年間所有していれば政府から 10,000 円がもらえるのである。この証書を買うとしたら、いくら支払うべきであろうか？ 買手側にとって価格は低いに越したことはないが、この証書の売手は、当然のことながら高く売ろうとしている。そのため、売手は最も高い価格を付けた買手に売る、つまりオークション形式で売ることになる。そうであれば、買手は闇雲に低い価格で入札すれば買えなくなってしまう一方、高い価格ではこの証書から得られる利益が減ってしまう。

具体的には 10,000 円を支払うのであれば現金で 1 年間持っていることと何ら変わらないし、10,000 円以上支払うのであれば明らかに、この証書を買わずに現金で持っていた方がよい。そこで、9,000 円で入札し、買うことができたとしよう。このとき、この証書の収益率は

$$\frac{10,000-9,000}{9,000} \times 100 = 11.1\%$$

である。ここからわかるように、今支払う額が低いほど、高い収益率になるのである。

　ここで 9,000 円はこの証書を買うために支払う価格であるので、**債券価格**（P）と呼ぼう。10,000 円を満期である 1 年後にもらえる額としてこの証書の**額面価格**（F）とすると、収益率は

$$\frac{F-P}{P} \times 100 = \left(\frac{F}{P}-1\right) \times 100 \ (\%)$$

となる。ここから、国債などの固定された額面価格 F の下では、**債券価格 P が上昇すれば収益率は下がり、P が下落すれば収益率は上がることになる**。債券の収益率を国債利回り、価格 P を国債価格とすれば、**国債利回りと価格は逆の方向に動く**ということがわかるのである。

　ではなぜ国債利回りを金利と呼んでよいのであろうか？　理由は国債の収益率（国債利回り）と市場金利が同じになるように、買手は入札を行うからである。もし国債利回りが市場金利よりも低ければだれも国債を購入しないし、逆であれば国債購入希望が増えて国債価格が上昇し、その結果国債利回りは下がる。

2.5 貨幣市場の均衡はどのようにして起きるか

　では、どのようにして貨幣市場の均衡が起こるかについて図 3.3 を使って考えてみよう。

　国民所得を Y_1 とし、仮に、何らかの理由で現在の金利が均衡金利 i_1 よりも低い水準であったとしよう。このときには、横軸で測られる貨幣量を見ると、貨幣需要が貨幣供給を超過している。どういうことかと言えば、

金利が低いために国債で持つ魅力が現金の利便性に負け、国債を売って現金化しようとする。このため、国債が売られて国債価格は下がり、同時に金利は上昇する。金利が均衡水準の i_1 まで上昇した時に国債の現金化が止まる。逆に金利が i_1 より高い場合には、高金利のために現金ではなく国債で資産を持とうとする流れから国債の需要が高まって国債価格が上昇する。このとき金利は下がり、i_1 まで下がれば国債を買う動きは止まる。

2.6　公開市場操作とマネーサプライ

　中央銀行によるマネーサプライの増減は、国債市場で国債を売買する公開市場操作によって行う。マネーサプライを増加させたい場合には国債を購入し、その代金を新たに刷った貨幣で支払う[4]。マネーサプライの減少は、中央銀行が所有する国債を市場で売却することによって行う。

Box1 フェデラルファンドレートとは

　アメリカの金融政策で注目されるのがフェデラルファンドレートという金利である。連邦準備制度が公開市場委員会で政策を決定する際にターゲットとなる金利であり、政策金利とも呼ばれる。この名前から、あたかも連邦準備制度が各銀行に貸し出す金利のように誤解されるが、これは銀行間での短期（通常は1日）の貸し借りのための市場金利である。法令により各銀行は受け入れた預金の一定割合を準備預金として連邦準備に預けておかなければならないが、これが不足する場合には他の銀行から借り入れを行う必要がある。そのための市場の金利をフェデラルファンドレートという。

　貨幣供給の増加は貨幣供給曲線の右シフトと考えられる。すると、貨幣市場では金利が低下する。この理由は、先に見た通り、貨幣供給曲線が右にシフトするとそれまでの均衡金利では貨幣の超過供給となるが、これは公開市場操作によって中央銀行が国債を買っているので、国債価格が上

---

[4] 実際には売り手が口座を持つ銀行が中央銀行に預けている当座預金に入金するので、直ちに市中に出回っている紙幣の量が増えるわけではない。

昇し、金利が下がっているのである。ここで、通常の金融緩和とは金利引き下げなのではないかという疑問があるかもしれない。中央銀行が実際に行っている公開市場操作は、金利がターゲットに落ち着くまで中央銀行が国債の売買を行うというものである。例えば、中央銀行が金利を下げたいとする。このことは図 3.4 から考えると、貨幣供給量を増加させればよいのであるが、そのためには中央銀行が国債の買い入れを行う必要がある。国債を買うと、その代金を中央銀行が売手に支払うことによって貨幣供給が増加する。この時、中央銀行が国債を買うことによって国債価格が上昇するので、金利が下落するのである。基本的には、金利を下げることと、貨幣供給量を増やすことは、貨幣市場の図を横軸から（下から）見るか、縦軸から（左側）から見るかの違いであると言える[5]。

Box2　急増したアメリカの M1

　2020 年初頭からコロナウイルスが全世界を席巻し、経済活動が極度に落ち込んだために各国中央銀行は利下げや特別融資など拡張的な金融政策に乗り出した。このため、各国のマネーサプライは急増することとなったが、アメリカの M1 の顕著な伸びは他の国と比較しても特異である（2020 年 4 月には前月比でおよそ 122% 増加している）。これはアメリカの金融政策が群を抜いて拡張的であったからであろうか？だが M2 をみると、M1 ほど顕著な増加ではない。

　実はこの M1 急増の理由は M1 の定義が変わったことによる。アメリカの貯蓄口座（Savings account）の利用者は、Regulation D という法令により 1 か月あたり 6 回までの引き出ししか認められていなかったが、2020 年 4 月にアメリカはこの法令を廃止した。理由はコロナウイルスによって世界的に経済が麻痺したことに対する金融緩和策の一環である。す

---

[5] ここで「基本的には」の意味であるが、現実には様々な要素（所得の変化、現金志向の変化）によって需要曲線が不安定で、シフトを繰り返している場合がある。その際、貨幣供給量を一定額まで変化させるという目的でいると、場合によっては金利が低下せず、逆に上昇してしまう場合がある。このため、中央銀行は主に金利をターゲットにして政策を行っている。また、第 2 章で見たように、金利が主に投資を通じて経済に影響を与えるために、金利を思うように動かせないのであれば金融政策の意味は大きくない。

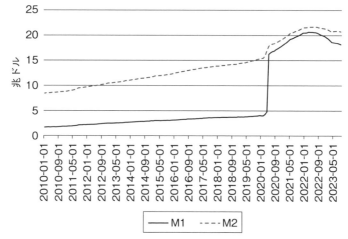

図3.5 アメリカのM1 および M2
Federal Reserve Bank of St. Louis, FRED より

ると、流動性の観点から普通口座と貯蓄口座を区別することはできなくなり、それまでは流動性が普通口座ほど高くないという理由によってM2に含まれていた貯蓄口座の残高がM1に含まれるようになった。このため、2020年4月にM1が急増することになったのである。

3. 物価、金利と金融政策

3.1 名目金利と実質金利

　預金をしているときに、予期せぬインフレーションが起きたら預金者はどのように感じるのであろうか？ 同様に、大きな借金をしている人が予期せぬインフレーションに直面したらどのように感じるであろうか？ 例えば、年利2パーセントの預金が魅力的だと感じて預金をしたら10パーセントのインフレーションが起きたとすると、損をした気分になるのではないだろうか。逆に年利2パーセントで借金をしたところ、予期しなかった10パーセントのインフレーションが起きたときには、何かしら得をした気分になるのではないだろうか。この「損をした気分」「得をした気分」

の正体は何なのであろうか？　それを理解するために、**実質金利（利子率）** という概念を導入することにしよう。

　ここまで扱ってきた金利 i は名目金利と呼ばれるもので、例えば10,000円を1年間預金しておくと $(1+i) \times 10{,}000$ 円になるということであり、これはお金の単位で見たときに貸し借りによって1年間でどれだけ資産あるいは負債が増えるかを表すものである。これに対して、貸し借りにより1年間にどれだけ資産あるいは負債が増えるかを財・サービス単位で表すものを実質金利 r という。では、この関係を探ってみよう。

　第1章で見たように、財・サービス単位で測るためには、バスケットとなった財・サービスを考え、このバスケット1つあたりの価格を物価 P とする。t期の物価を P_t とすれば t期の1円の購買力は $1/P_t$ である。t期に1円を預けると t+1期に $(1+i)$ 円になるのであり、t+1期の物価を P_{t+1} とすると、この預金によって買うことのできるバスケットの数は $(1+i)/P_{t+1}$ となったことになる。t期と t+1期で購買力の増加率を計算すれば

$$\frac{(1+i)/P_{t+1}-1/P_t}{1/P_t} = \frac{(1+i)/P_{t+1}}{P_t} - 1 = \frac{(1+i)}{P_{t+1}/P_t} - 1 = \frac{1+i}{1+\pi_{t+1}} - 1$$

となり、これが実質金利 r に等しいと定義する。なお、物価上昇率を $\pi_{t+1} = (P_{t+1}-P_t)/P_t$ としている。その結果、実質金利と名目金利、物価上昇率（インフレーション率）の関係は以下のようになる。

$$1+r = \frac{1+i}{1+\pi_{t+1}} \approx 1+i-\pi_{t+1}$$

　この右辺の近似は、

$$(1+r) \times (1+\pi_{t+1}) = 1+i$$

とし、この場合の左辺に現れる $r \times \pi_{t+1}$ が非常に小さくなるために無視することで得られる。

　つまり、実質金利は名目金利から物価上昇率を差し引いたものである。

　すると、名目金利一定のもとでインフレーションが高ければ実質金利は低くなり、預金者を含む貸し手が財・サービス単位で得ることができる収益率は下がり、したがって借り手が財・サービス単位で支払わなければならない利率も同様に下がることになる。もしデフレーションが起きると、$\pi_{t+1} < 0$ ということであるので、逆に預金者を含む貸し手が財・サービス単位で得ることができる収益率は上がり、したがって借り手が財・サービス単位で支払わなければならない利率も同様に上がることになる。ここで重要なことは、**名目金利を不変とするとインフレーションの際には、貸し手から借り手に財・サービス単位での所得あるいは資産の移転が起こり、デフレーションの際には借り手から貸し手へ財・サービス単位での所得あるいは資産の移転が起きる**ということである。

3.2　フィッシャー効果

　インフレーションやデフレーションによって財・サービス単位での所得あるいは資産の移転が起きるのは、インフレーションやデフレーションが予想できなかったことによる。もし予測できるのであれば、先ほどの例では 2% の金利では貸し手か借り手のいずれかが納得しないであろう。例えば 5% のインフレーションが予想されるときに、名目金利が 3% では実質金利がマイナスになってしまう。このような場合には預金者を含む貸し手は納得しないであろう。お金を貸すのではなく、腐ることのない何らかの財、あるいは資本を買って持つか、買った資本を貸した方がよいからである。そうであれば、予想されるインフレーション率を π^e として、実質金利を導いた式から、名目金利が

$$i = r + \pi^e$$

を満たさなければ貸し手は納得しない[6]。つまり、名目金利が予想されるインフレーション率によって変化しなければならないのである。これをフィッシャー方程式やフィッシャー効果と呼ぶ。

3.3　デフレーションの下でのゼロ金利の問題点

　金融政策として名目金利を操作することはできるが、マイナス金利とすることは一般には意味がないとされる。なぜならばお金を預けることによって自分の資産が目減りしてしまうのであれば、預金せずに現金で持っていた方がよいからである。もちろん、顧客からお金を集めて運用するような立場の人にとっては、預かった多額のお金を現金で持つことが非現実的であり、マイナス金利を受け入れざるを得ない。

　名目金利がゼロ金利、すなわち $i=0$ であり、4 章の AD-AS 分析で見るように需要が弱くデフレーションが予想されるとき、すなわち $\pi^e<0$ であれば、実質金利は $i-\pi^e>0$ となるために中央銀行が金融緩和努力の一環として名目金利を限界まで下げても実質金利はプラスとなってしまう場合がある。またデフレーション予想が強いほど、実質金利が大きなプラスの値をとってしまうことがわかる。このとき企業は、高い実質金利を支払っても利益が出るような、高い資本収益率が見込める投資しか行わないのである。第 6 章で学ぶように、資本の収益率は資本投入量が増えるほど減少するので、高い実質金利の下では投資量が少なくなるのである。

3.4　量的緩和（Quantitative Easing）

　では名目金利が 0 になれば金融政策として打つ手はなくなるのであろうか？　ここで、金利や利子率と呼ばれるものが経済全体ではいくつもあることに注目しよう。消費者に直接関係があるものでも、銀行から借り入れるときの金利、普通預金の金利、定期預金の金利、住宅ローンの金利など、金利にはいくつか種類があり、ゼロ金利とはいえ誰でも金利を払わずに任意の期間にわたって融資を受けられるわけではない。国債の利回りに注目しても、短期国債と長期国債でも利回りが異なるのが通常で、中央銀行がターゲットとする短期国債利回りよりも長期国債の利回りの方が高くなるケースが多い。これは国債保有によってより長い間お金を使わなくすること（流動性を犠牲にすること）で起こりうる不確実性への代償と考えられることが多いが、この場合には短期金利が 0 となっても長期金利には

まだ下落の余地がある。しかも、住宅ローンなどはしばしば長期金利の変動に従って設定されるので、長期金利が下落すれば消費者にとって大きな買い物である住宅の需要が増えるほか、長期プランに基づく企業の投資も増えることになる。長期金利を下げる方法の1つは中央銀行が長期国債を購入することである。量的緩和ではこのように、中央銀行が通常の短期国債だけでなく長期国債を買い入れ、また公社債などほかの公的な債券を購入するほか、日本では株式購入も行っている。このようにして量的にマネーサプライを増やす政策を量的緩和といい、日本では2001年から、アメリカでは2008年から実施された。

　図3.6は日本とアメリカにおける中央銀行資産の対 GDP 比を示したものである。国債や公社債などの資産を中央銀行が購入すれば、その分中央銀行の資産が増えることをこの章で中央銀行のバランスシートから学んだ。量的緩和によってどの程度中央銀行の資産が増加したかを見ると、日本では GDP の 100% をはるかに超える額の資産を中央銀行が持っており、アメリカでは連邦準備資産は増加したものの、GDP 比では40%に届いていない。

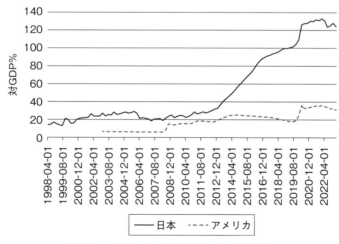

図 3.6　日米の中央銀行資産（対 GDP 比）
Federal Reserve Bank of St. Louis, FRED より

3.5　シニョレッジとクルグマンの１兆ドルコイン

シニョレッジとは、通貨発行益と訳される。つまり、政府が通貨を発行して使用すると、通貨の額面と通貨製造コストとの差は、政府が得ることのできる購買力であり、発行益と考えられる。例えば政府が１万円札を20円かけて製造すると、9,980円の発行益が出る。ただし、現在では日本を含むほとんどの国において、政府による通貨発行は少額のものを除いて禁止あるいは行わないようにしている。代わりに通貨を発行しているのは中央銀行である。この場合、通貨発行益はどのようになっているのであろうか？ 中央銀行のバランスシートを見てみよう。マネタリーベースを増加させる際には、国債市場で国債を購入する。例えば1,000円分購入し、購入先が口座を持つ銀行が中央銀行に所有する当座預金に入金すると、表3.7にあるように中央銀行の負債としての当座預金が1,000円分増加する（単純化のため、当座預金ではなく、中央銀行が現金で支払いを行うとすれば、負債としての現金が1,000円分増加する）。

表3.7　中央銀行のバランスシート

資　　産		負債・資本	
国債	1,000	当座預金	1,000

このように、中央銀行はマネタリーベース（お金）を増加させることはできるが、自らに新たな購買力を作り出すことはほとんどない。わずかにあるのは、国債保有によって政府から支払われる利子と、当座預金に金利支払いの必要がある場合にはその利子との差額であり、これをシニョレッジという。

では中央銀行が主な通貨発行主体となる現在では、シニョレッジはほぼ存在しないのであろうか？ 硬貨がそれにあたる。多くの国では政府が硬貨を発行するが、政府による乱発を防ぐ目的で額面は比較的低く抑えられている。2021年10月1日付ニューヨークタイムズの意見欄に、ノーベル経済学賞受賞者であるポール・クルグマンによる１兆ドル硬貨を発行すべ

きという論説が掲載された[8]。この背景として、連邦政府の負債上限を引き上げるか否かをめぐって共和党と民主党が激突し、議会での負債上限の引き上げなしには連邦政府が支出不能に陥り、政府の閉鎖が余儀なくされるという事態があった。そこでクルグマンは政府（財務長官）がプラチナ製の1兆ドルコインを製造してしまえ、というのである。連邦法では財務長官が発行できる硬貨については、金や銀、銅などの原料、純度、重量、直径、額面などについてかなり詳しく規定されている。しかし、プラチナを基にする硬貨だけにはそのような詳細な規定がなく、財務長官が指定する額面での発行が可能である。これはおそらく、記念硬貨などを念頭に置いた規定だと思われるが、そうであれば、適当な大きさで額面を1兆ドルとしたプラチナ硬貨を1枚だけ作り、政府の銀行である連邦準備制度の政府口座に預金をすれば政府には1兆ドルの純資産ができる（表3.8）。そうすればもはや負債上限は問題ではなくなり、様々な政府支出が可能になるとクルグマンは言うのである。

　もちろん、一般の人が適当な額面で硬貨や紙幣を勝手に作って銀行に預金することはできないが、法は財務長官にそのような権限を与えているのであり、政府のみが得ることのできるシニョレッジが存在しうる。この場合は額面の1兆ドルから製造コストを差し引いたものがシニョレッジであるが、適当なサイズのプラチナのコストがさほど高いとも思われず、ほぼ1兆ドルがシニョレッジになるというわけである。

　このようなシニョレッジ目当てで政府が硬貨を乱発することを防ぐ目的で、硬貨発行については法に細かい規定があるわけであるが、その法の抜

表 3.8　1兆ドル硬貨預金後の政府のバランスシート

資　産		負債・資本	
預金	1兆	純資産	1兆

---

[8] Krugman, P. "Wonking Out: Biden Should Ignore the Debt Limit and Mint a $1 Trillion Coin," *New York Times*. 2020 年 10 月 1 日。

け穴を使うことで議会を迂回してこのようなシニョレッジが獲得できてしまうのであれば、ドルの信用にかかわる。ドルはアメリカ政府がいくらでも発行できてしまうためである。このような懸念もあり、イエレン財務長官は負債上限問題解決のために超高額硬貨を発行するという方法を否定している。

練習問題

1. 2008 年の世界金融危機に際しては、貨幣を M1 で測ったときのアメリカの貨幣乗数 m が大きく下落した。(https://frcd.stlouisfed.org/series/MULT)　この原因について (3.1) 式を基に、どの変数 (*CU, Dep, Res*) の変化によって起きたかを考察しなさい。

2. 数量方程式

$$M \times V = P \times Y$$

のうち、流通速度 V が長期的に安定しているかをデータで確認しよう。*M* としては M1 あるいは M2 を考えよう。$P \times Y$ には名目 GDP を使い、V を各時点について計算しなさい。

　アメリカについては、名目 GDP を https://fred.stlouisfed.org/series/GDP から、M2 を https://fred.stlouisfed.org/series/WM2NS からダウンロードしなさい（Box にあるように、アメリカの 2020 年以降については M1 を使って過去の値と比較することは避ける）。

第 **4** 章

IS-LM モデル

　　ここでは、貨幣市場の均衡から LM 曲線を導出し、すでに第 2 章で導出した IS 曲線と合わせて短期の経済変動を理解し、経済政策が国民所得にどのような影響を与えるかを分析する。

1.　LM 曲線

1.1　LM 曲線の導出

　　ここで IS 曲線同様に、貨幣市場を均衡させる金利と国民所得の組み合わせを考えよう。このために、国民所得の上昇が金利に与える影響を見ることにする。第 3 章で学んだように、国民所得 Y の上昇は貨幣需要曲線を右（外側）にシフトさせる（図 4.1）。

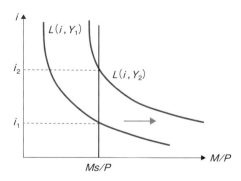

図 4.1　国民所得の Y_1 から Y_2 への上昇による貨幣需要曲線の右シフト

すると貨幣市場を均衡させるように、つまり貨幣供給が貨幣需要に等しくなるために金利が上昇するので、貨幣市場を均衡させる金利と国民所得の関係は図 4.2 に示される右上がりの曲線によって示され、これを LM 曲線という。

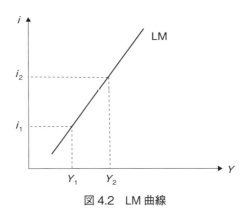

図 4.2　LM 曲線

1.2　金融政策と LM 曲線

中央銀行が金融緩和として貨幣供給を増やすと、LM 曲線にはどのように表れてくるであろうか？　第 3 章で見た通り、貨幣供給を増加させると貨幣供給曲線が右にシフトし、金利が低下する。このとき、国民所得は変

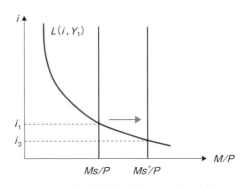

図 4.3　貨幣供給の増加と金利の変化

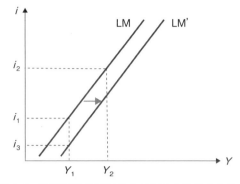

図 4.4　貨幣供給の増加による LM 曲線の右シフト

化せずに金利は低下している。これを図 4.3 で示すと、国民所得 Y_1 に対し
て i が i_1 から i_3 へと下がっているので、図 4.4 の LM 曲線は LM から LM'
へ下方シフト（右シフト）していることになる。

　所得減少以外の何らかの理由で、人々が現金を少なく持つようになった
としよう。例えば電子決済の普及によって現金を持ち歩く必要がなくなっ
たとする。このとき、貨幣需要曲線は左側にシフトして均衡金利を引き
下げるため、すべての国民所得の水準について金利が下がることになるの
で、LM 曲線は右シフトすることになる。

2.　IS-LM モデル

2.1　IS 曲線と LM 曲線の重ね合わせ

　ではここで、財・サービス市場と貨幣市場ともに均衡している状況を考
えるために IS 曲線と LM 曲線を重ねてみよう。**なお、このモデルでは短
期を考えているのでインフレーションは起きず、したがって名目金利 i と
実質金利 r は同一であると考えられることに注意しよう。**

　すると、財・サービス市場と貨幣市場をともに均衡させる国民所得と金
利の組み合わせが図 4.5 における IS 曲線と LM 曲線の交点 E になる。なぜ
2 つの市場の均衡が必要なのかを考えるために、A 点を考えよう。A 点で

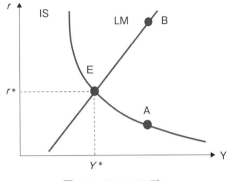

図 4.5　IS-LM モデル

の財・サービス市場は均衡しているが、貨幣市場は均衡していない。A 点
における所得に比べると、A 点での金利は貨幣市場を均衡させるには低す
ぎるのである。すると、貨幣市場では貨幣の超過需要が起きており、債券
を売って現金にしたいという人々が債券を売ることで債券価格が下がる。
債券価格の下落は金利の上昇であるので、金利が上昇して貨幣市場が均衡
する。

　では B 点ではどうであろうか？　貨幣市場は均衡しているが、財・サー
ビス市場は均衡していない。ここでは財・サービス市場を均衡させる金利
に対して国民所得が大きすぎるのである。これは超過供給の状態であるか
ら、第 2 章で見た 45 度線の議論から、国民所得は次第に下がっていく。
そのようにして 2 つの市場の均衡 E が達成されるのである。

2.2　財政政策と金融政策の効果

　ここで改めて財政政策と金融政策の効果について検討してみよう。

　財政政策：政府支出 G の増加が IS 曲線を右シフトさせるということは
すでに見た。このとき、図 4.6 にある新たな交点 F では金利が高く、国民
所得も高くなっている。どのようにして高い金利と国民所得が得られるの
であろうか？

　ここではまず G の増加によって需要が上がり、生産（供給）もそれに応

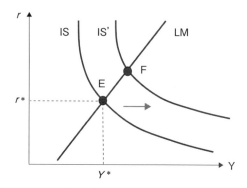

図4.6　財政政策（G の増加）の効果：E から F へ

じて増加する。このことは国民所得の上昇を意味し、高い国民所得は貨幣
需要曲線を右にシフトさせることによって均衡となる金利を上昇させるの
である。このとき、もし金利が上がらないのであれば、すなわち財・サー
ビス市場均衡のみに注目するのであれば増加するであろう国民所得に比
べ、実際の国民所得の増加は少なくなっており、これは金利の上昇に伴っ
て投資が減少するからである。これをクラウディングアウトと呼ぶ。

　次に金融緩和の効果について考察しよう。貨幣供給量の増加が LM 曲線
を右シフトさせることはすでに見た。すると、IS-LM の交点は右下に移る
ので、図4.7 にあるように国民所得が増加し、金利が低下する。このこと

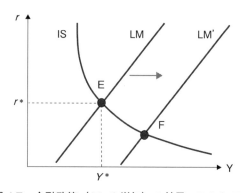

図4.7　金融政策（Ms の増加）の効果：E から F へ

について説明すると、貨幣市場の均衡により下がった金利は投資を増加させ、総需要の増加は供給、国民所得を増加させるのである。

2.3　マイナスのショック

悲観的な将来予測が消費や投資を引き下げた場合、IS-LM 曲線による分析では金利と国民所得にどのような影響を与えるであろうか？

消費や投資の減少が IS 曲線を左にシフトさせることは先に見た。すると、IS-LM の交点で示される均衡金利、均衡国民所得はどちらも下がることがわかる。国民所得の減少は、生産の減少でもあり、失業も同時に発生している。このような状況下にあっては財政政策・金融政策を用いることによって国民所得を増加させることができる。

・財政政策を用いる場合：減税あるいは政府支出の増加によって図 4.8
　の IS 曲線を右にシフトさせることにより、均衡は F から E に戻る。
　つまり、均衡国民所得を元の水準まで増加させることができ、均衡金
　利も元の水準に戻る。

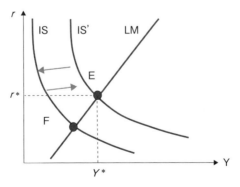

図 4.8　需要の減少と財政政策

・金融政策を用いる場合：貨幣供給量を増加させることによって図 4.9
　の LM 曲線を右にシフトさせ、均衡国民所得を増加させる。このとき

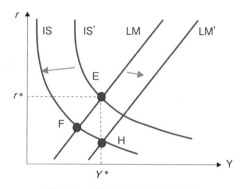

図4.9　需要の減少と金融政策

　均衡金利はさらに低下する（EからHへ）。

　2つの政策のいずれも国民所得を増加させるが、金利に与える影響は異なることに注意が必要である。

　このように、財政政策・金融政策は国民所得を増加させることができる。ではこの2つの政策によって、政策当局は国民所得をいかようにでも変化させることができるのであろうか？　国民所得を増加させ続けることができるのであろうか？　これはできない。まず、ここで分析しているIS-LMモデルが物価を不変とした短期のモデルであることを思い出す必要がある。そして財政政策は需要を変化させることであり、短期には需要が供給を決定するが、政策の結果として需要を増加し続けたとしても、どこかで生産の制約にぶつかるはずである。これは労働力や資本の量によって規定される制約があるはずだからである。金融政策によって短期にはLM曲線の位置が変化するものの、長期には物価が上昇して実質貨幣量 Ms/P は不変となる。

練習問題

1. 人々が望む貨幣需要が増加したとき、金利と国民所得がどのように変化するかをIS-LMモデルを用いて答えなさい。

2. 次のような式でマクロ経済が示されているとしよう。

$$C = 10 + 0.8(Y - T), I = 100 - 30i$$

また、貨幣需要関数は

$$L(i, Y) = \frac{Y}{1+i}$$

で与えられる。

2.1　$T = G = 0, M = 500, P = 1$ として IS 曲線および LM 曲線を導出し、均衡金利と国民所得を求めなさい。

2.2　金融政策により、$T = G = 0$、$M = 520$、$P = 1$ となったときの均衡金利と国民所得を求めなさい。

2.3　財政政策により、$T = 0$、$G = 10$、$M = 500$、$P = 1$ となったときの均衡金利と国民所得を求めなさい。

第5章

総需要・総供給（AD-AS）モデル

IS-LM モデルの仮定は、短期であって物価水準が動かないというものである。そしてそのような短期では生産量は需要によって決定される。ここでは物価が変動し、供給も物価に依存するモデルを考察する。

1. 総需要曲線と総供給曲線

1.1 総需要・総供給分析とは

ミクロ経済学で学ぶ個別市場の需要と供給では、価格が重要な役割を果たす。需要が供給より大きければ価格が上昇し、逆であれば価格が下落して、需給の一致が起こる。しかしながら、短期には様々な理由により価格が動かないか、あるいは直ちに需給均衡を達成するほど十分には変化しない。するとしばしば起こりうるのは生産物が売れないという状況、すなわち需要が供給に比べて少ないという状況である。このとき、需要が供給を決めており、供給量、あるいは生産可能量がどれだけであり、どのように決まるかについては、ひとまず考えないことにしている。

中長期には価格も伸縮的に動くと仮定し、生産量がどのように決まるかについても考えなければならない。これを行うのが総需要・総供給（AD-AS）モデルである。

1.2　IS-LM モデルからの拡張：総需要（AD）曲線の導出

　物価が変化しないという短期を扱う IS-LM モデルでは、財政政策・金融政策によって国民所得を変化させることが可能ということを見た。では、物価が変化するような中期から長期を分析する場合、物価と国民所得 Y の関係はどのようになっているのであろうか？

　ここでまず、物価の上昇が IS-LM モデルにどのような影響を与えるのかを考えよう。LM 曲線を導出した際に図 5.1 の横軸が実質貨幣バランス M/P であることに注意すると、物価水準 P の上昇は実質貨幣供給 Ms/P を引き下げる。つまり、あたかも中央銀行が貨幣供給を減少させたようになるのである。すると、金利が上昇するので、図 5.2 で LM 曲線が上方にシフトするため、IS 曲線と LM 曲線の交点から導かれる均衡国民所得 Y が Y_1 から Y_2 に減少することになる。継続的に物価が上昇するのであれば、Y が下落を続ける。このように、物価 P と国民所得 Y は負の関係を持つのである。この関係を、図 5.3 のように縦軸に物価 P を取り、横軸を国民所得 Y とすれば右下がりの曲線が導き出される。これを総需要曲線という。総需要つまり Aggregate Demand を記述したものであるので、AD 曲線とも呼ばれる。

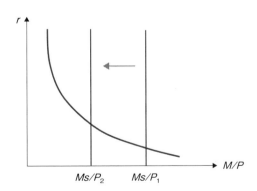

図 5.1　貨幣市場における物価の上昇

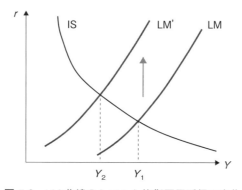

図 5.2　LM 曲線のシフトと均衡国民所得の変化

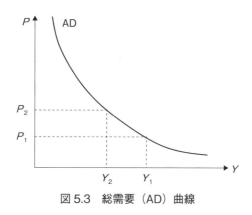

図 5.3　総需要（AD）曲線

1.3　総需要曲線のシフト

　財政政策と金融政策は総需要曲線にどのような影響を与えるのであろうか？

　IS-LM モデルから明らかなように、拡張的な財政政策は IS 曲線を右にシフトさせるため、金利を上昇させて国民所得を上昇させる。総需要曲線の描かれる物価・国民所得の軸でみれば、物価は変動せず（つまり任意の物価水準について）国民所得を増加させるので、総需要曲線は右にシフトすることになる。では拡張的な金融政策の場合はどうであろうか？　IS-LM モデルでは貨幣供給量の増加が LM 曲線を右にシフトさせ、その結果とし

て金利が下がり、国民所得が増加したことをみた。つまり、所与の物価水準について国民所得が増加しているので、総需要曲線は右にシフトすることになる。

　直観的には、総需要曲線は物価と財・サービス市場および貨幣市場を均衡させる国民所得を関連付けており、所与の物価の下で市場が均衡する国民所得（＝消費＋投資＋政府支出）を表しているので、ミクロ経済学での需要曲線と類似のものとみなせる。そのように考えれば政府支出の増加は所与の物価水準について需要を増加させるので、総需要曲線は右にシフトし、貨幣量の増加などの拡張的な金融政策は金利の低下から投資を増大させるので、総需要曲線を右側にシフトさせる。

1.4　総供給（AS）曲線の導出：短期と長期

　第6章で見るように、労働市場においては短期に、名目賃金 w が硬直的であり物価が伸縮的でないことから、実質賃金 w/P が労働市場において需給を一致させる均衡水準より高くなり、結果として労働供給が労働需要を上回る、失業の状態が起こる。

　実際に企業が雇用を決定する際には物価予想 P^e に基づいて雇用計画を立てるが、実際の物価が予想値 P^e より高い場合には予想よりも安い実質賃金で雇用できることになるので雇用を増やし、生産量を増加させる一方、実際の物価が予想値 P^e よりも低い場合には雇用を減らして生産量を減少させる。すると総供給曲線は右上がりとなり、

$$Y = AS(P, P^e, \overline{Y}) = \overline{Y} + \beta\,(P - P^e)$$

と書くことができる。ここで $\overline{Y}$ は自然産出量や潜在 GDP と呼ばれる水準の GDP であり、これは経済全体の生産要素である労働および資本と、利用可能な技術の下で、物価が伸縮的で労働市場が均衡する時に得られる水準の GDP である。また短期には実際の産出量が潜在 GDP 以上になることに注意しよう。潜在 GDP とは、雇用量が自然失業率のときに得られる産出量であるが、需要が大きく、失業率が自然失業率を下回るような、人手

不足（通常であれば雇用しないであろう未経験者も雇用するような状態）であれば、潜在 GDP を上回る産出量が可能になるのである。しかし長期には各財・サービスの価格は十分に伸縮的になると考えられるので、予想物価と実際の物価は一致し、経済全体の生産量 Y は潜在 GDP である $\overline{Y}$ に一致する。このため、長期の総供給曲線である LRAS 曲線は図 5.4 に示されるように物価水準に関わらず GDP が潜在 GDP である $\overline{Y}$ となるので、その水準での垂直な線となり、右上がりの短期総供給曲線である AS とは区別される。

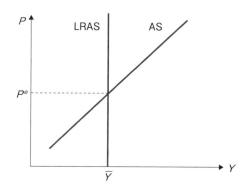

図 5.4　長期供給（LRAS）曲線と短期供給（AS）曲線

1.5　AS 曲線のシフト：①$\overline{Y}$（潜在 GDP）の変化

技術進歩や資本蓄積、労働人口の変化によって潜在 GDP である $\overline{Y}$ も変化する。例えば、技術進歩による経済成長は $\overline{Y}$ の上昇を通じて、AS および LRAS の右シフトをもたらす。

1.6　AS 曲線のシフト：②P^e（予想物価）の変化

AS 曲線は予想物価水準である P^e の変化に伴ってシフトすることに注意が必要である。もし P^e が上昇すると、実際の物価がさらに高くならない限り、$\overline{Y}$ を上回る生産を行わないのである。この上方シフトは図 5.5 に示されている。

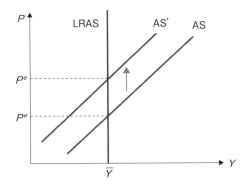

図 5.5　供給曲線の上方シフト

1.7　AS 曲線のシフト：③供給ショック

　地震などの天災による一次的な生産設備の破壊、多くの財の原材料となる石油の国際価格の高騰などは供給ショックとして AS 曲線をシフトさせる。生産費用を上昇させるショックは AS 曲線を上方（左）にシフトさせ、一時的に生産量を減少させる天災も AS 曲線を左（上方）にシフトさせる。一方で、生産費用を低下させる国際石油価格の低下などは AS 曲線を下方（右）にシフトさせる。

1.8　AD-AS 分析

　AD 曲線と AS 曲線を重ね合わせることにより、物価水準と均衡国民所得が求められる。ここでまず、需要の増加を考えよう。拡張的財政政策（G の増加、T の減少）、拡張的金融政策（Ms の増加）のほか、投資熱の高まりや消費性向の上昇などによっても AD 曲線は右にシフトする。その結果、図 5.6 にあるように、物価が上昇し、均衡国民所得も増加する。

　将来不安から消費と投資が減少し、総需要の減少が起きたとしよう。これは図 5.7 における AD 曲線の左側シフト（AD から AD'）と表現される。このとき、何らの政策も取られなければ物価が下がり、国民所得も減少する。しかし長期には総供給曲線は垂直なので、国民所得は長期的には Y_1 に戻るはずである。この理由は、物価の低下から実質マネーサプライ

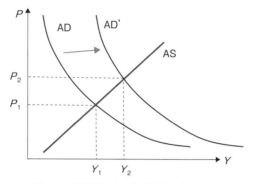

図 5.6 総需要（AD）曲線の右シフト

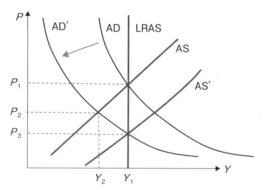

図 5.7 総需要（AD）曲線の左シフトと長期均衡

（*Ms/P*）が増えるため、あたかも中央銀行がマネーサプライを増加させた
ような状態になるからである。これは LM 曲線を右にシフトさせる。ただ
しこのような物価の変化によって LM 曲線をシフトさせることは AD 曲線
の導出の際に行ったことであり、この場合には物価の低下はすでにシフト
した AD'上を右下に移動することであって、AD 曲線のシフトにはならな
い。物価の低下は、予想物価 P^e の低下をもたらし、AS 曲線を下方シフト
させる（AS'）。結果として、物価はさらに低くなる（P_3）。

2.　インフレーションと失業率

2.1　フィリップス曲線：インフレーションと失業のトレードオフ

　総需要の高まりでAD曲線は右にシフトを続ける一方、AS曲線は安定している場合を考えよう。この場合、物価、均衡国民所得ともに増加する。国民所得すなわちGDPの高まりは雇用量の増加を意味する。このため、インフレーション率を縦軸にとり、横軸で失業率を測ると、これら2変数の関係を表すものとして図5.8のような右下がりの曲線が浮かび上がると考えられる。実際、これはA.W. Phillipsによる1958年の論文[1]の中で観察事実として報告された。このため、この右下がりの曲線はフィリップス曲線と呼ばれる。この曲線が示すものは、インフレーション率と失業率のトレードオフと理解される。つまり、人々が嫌うインフレーションと失業の問題をともに解決することはできず、政策担当者は2つの問題のバランスを決めることしかできないことを意味する。

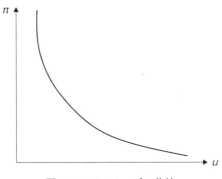

図5.8　フィリップス曲線

---

[1] A.W. Phillips (1958) "The Relation Between Unemployment and the Rate of Change of Money Wage Rates in the United Kingdom, 1861-1957" *Economica* 25 (100), 283-29.

　ところが、その後、特に 1970 年以降、右下がりのフィリップス曲線が観察できなくなった。その理由には AS 曲線が安定的ではないこと（つまり左右にシフトが起きること）と、長期には LRAS 曲線が示すように、GDP と物価には関係がないことが挙げられる。

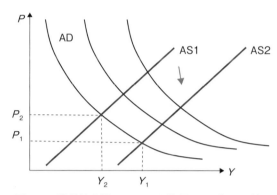

図 5.9　総供給曲線のシフトと物価および国民所得

　図 5.9 と 5.10 を用いて、AS 曲線のシフトとフィリップスカーブの関係については以下のように理解することができる。まず AS 曲線が AS1 のとき、需要の増大で AD 曲線が右にシフトするほど均衡国民所得が増加（失業率が減少）し、インフレーション率が上昇する。これを、AS 曲線が AS2 のときに当てはめて考えると、AD 曲線が右にシフトするほど均衡国民所得が増加（失業率が減少）することは AS1 のケースと同一であるが、高いレベルの国民所得であるため、より低いレベルの失業率でのトレードオフとなる。このため、AS 曲線の下方（右）シフトはフィリップス曲線の下方（左）シフトをもたらすことがわかる。

　ここで、AS 曲線がシフトする原因に戻ろう。すでに潜在 GDP（$\overline{Y}$）の変化、期待物価（P^e）の変化は AS 曲線をシフトさせることを見た。①－③に挙げたとおり、このようなショックはフィリップス曲線をシフトさせるのである。

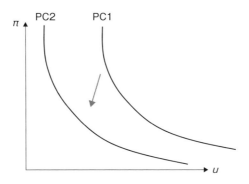

図5.10　総供給曲線のシフトによるフィリップス曲線のシフト

2.2　短期フィリップス曲線

1.4で見たように、短期AS曲線は、実際のGDPと潜在GDPとの差を、実際の物価と予想物価との差と結びつけるものである。このため1.6で見たように予想物価の変化が短期AS曲線をシフトさせるのである。つまり、予想物価が総供給と均衡国民所得（そして失業率）に与える影響は大きい。このことから、第6章で見る自然失業率を$\bar{u}$とすると、正確には短期フィリップス曲線は

$$\pi = \pi^e - h(u - \bar{u})$$

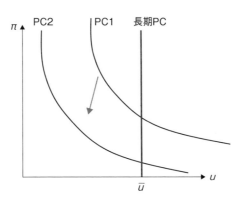

図5.11　短期と長期のフィリップス曲線

となる。これは期待インフレーション率の変化によってシフトすることに注意が必要である。そして長期にはトレードオフは存在せず、フィリップス曲線は垂直となる。これらは図5.11に示されている。

3. インフレーションと金融政策

3.1 金融政策の目的

　金融政策はAD曲線をシフトすることになるので、物価と国民所得に影響を与えることが可能である。中央銀行の多くは、通貨の価値の安定、つまり物価を安定させることが求められている。しかし物価の安定だけに固執して、消費や投資が減少する総需要減の際に何もしなければ、国民所得は減少してしまう。長期的には潜在GDPに戻るが、それまでの間には失業が出ることをはじめ、低い国民所得を受け入れなければならない。すると、金融政策に期待されるものは、物価の安定とともに、国民所得をできるだけ潜在GDPに近づけておくことであり、これは労働市場において、失業率を自然失業率に近づけておくことになる。この2つのゴールは、すでに見たように相反するが、多くの国では中央銀行の法的義務（例えばアメリカでは dual mandate と言われる）とすることでどちらかに偏らないようにしている。

3.2 中央銀行の政府からの独立性と信用

　中央銀行が政府から独立して金融政策を行うことは非常に重要であると考えられている。これは、図5.12を使って以下のように考えられる。

　不況下においてはじめの状態がAであり、所得と物価の組み合わせが(Y_1, P_1)であるとしよう。もしも人々の物価予想が変わらず、中央銀行がマネーサプライを増やせば物価はP_2に上昇するが、所得もまたY_2に増加し、失業率は減少する。つまり、政策にサプライズがあることは非常に効果的であり、低い失業率は政策担当者、特に失業を重視する政治家には重要である。ただし、物価が変わらないと予想されたにもかかわらず、物価

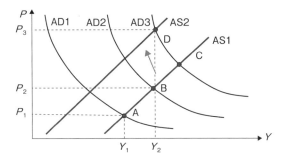

図5.12　物価予想の変化と物価および国民所得

はP_2まで上昇している。そのため、その後も人々は物価が上昇するものと予想し、したがってAS曲線がAS1からAS2のように変化する。すると、中央銀行の拡張的な金融政策がAD曲線をAD3とするものの、均衡はCではなくDとなり、物価のみが上昇して国民所得は増加しないようになる。さらに高い物価上昇が予想されると、国民所得の減少すら考えられる。このような、物価のみが上昇して国民所得が増加せず、不況が続く状態をスタグフレーションと呼ぶ。

　この議論のいうところは、人々に低い物価上昇を予想させた上で実際にはその予想を上回るインフレーション（サプライズ）を起こすことで国民所得を高め、失業率を下げるインセンティブが中央銀行に存在する（これを動学的非整合性、dynamic inconsistencyという）。しかし、長期には人々は中央銀行に騙され続けることはなく、むしろ中央銀行を信用せずに高いインフレーションを予想することを通じて、中央銀行によるインフレーションのコントロールを非常に困難にする、ということを示唆している。

　このAD-AS分析によれば、中央銀行がまったく金融政策を行わなくても、AS曲線が上方にシフトしてしまえばインフレーションは起きる。このため、中央銀行には信用が求められ、信用を得る方法の1つは政府からの独立性や政策の透明性である。事実、Blinder（2022）によれば[2]、中央

---

[2] Blinder, A.（2022）*A Monetary and Fiscal History of the United States, 1961-2021*, Princeton University Press.

銀行の独立性が叫ばれるようになったのは 1970 年代の苦い経験の結果であり、比較的新しい概念であるという。ニクソン政権が選挙前に拡張的な金融政策を連邦準備制度にとらせることで選挙を有利に進めたことが連邦準備制度の信用問題を起こし、連邦準備制度理事会議長のポール・ボルカーが再び信用を取り戻すまで、インフレーションのコントロールに困難をきたしたという。それ以前には、財務省（政府）と連邦準備制度が協力して経済運営にあたるという、独立性ではなく協調性が当然のように重視されてきた。

Box1 オイルショック、ポール・ボルカーとインフレーション

　総供給曲線を上方にシフトさせる例の１つは、様々な財・サービスの原料費の高騰であり、1973 年に起きた石油ショックである。この後に拡張的な金融・財政政策が総需要曲線を右にシフトさせ、また中央銀行への信頼不足から総供給曲線が上方シフトを続け、インフレーションのコントロールが困難になった。

　このためカーター政権は、中央銀行の信頼を取り戻し、インフレーションを退治するという断固とした強いコミットメントを示すために当時反インフレーションで有名であったポール・ボルカーを連邦準備制度理事会議長に就任させた。その後、ボルカーの連邦準備制度理事会は予想通りマネーサプライの減少・金利引き上げを行った。コミットメントを示し、実際にインフレ退治に動くことで人々の予想インフレーション率が下落していったとみられている。

3.3　インフレーションターゲット

　中央銀行が政府からの独立性と政策の透明性を高めて信用を得る１つの方法は、金融政策を中央銀行の裁量ではなく事前に決めた明確なルールに従って行うことである。そのようなルールの１つはインフレーションターゲットと呼ばれるもので、あらかじめターゲットとするインフレーション率を決めて公表し中央銀行が自分自身を縛ることで中央銀行の信用を高めるのである。短期的にも AS 曲線およびフィリップス曲線の期待変化によ

るシフトを防ぐことができる。1990 年にニュージーランドがこの政策を採用して以来、多くの国がインフレーション率2%をターゲットとして公表している。

3.4　「悪いインフレ」と「良いインフレ」

総需要・総供給分析から、インフレーションは、石油価格高騰などの供給ショックによる総供給曲線の左（上方）シフトと総需要の拡大である総需要曲線の右シフトのいずれでも起こる。供給曲線の左シフトによる物価高は国民所得を減少させるので「悪いインフレ」、逆に総需要曲線の右シフトによる物価高は国民所得を増加させるので「良いインフレ」と言われることがある。このため、物価安定と高い雇用量をゴールとする金融政策のためには単にインフレーションを見ることで政策を決めることは望ましくない。つまり、明確な金融政策のルールに雇用量あるいは産出量を組み入れておく必要がある。

3.5　テイラールール

テイラールールとは、中央銀行は雇用と物価の両方に配慮しなければならないという考えの下、ターゲットと実際のインフレーション率の差および GDP ギャップによって、政策金利を決めるという政策ルールである。スタンフォード大学の John B. Taylor によって提唱されたためにテイラールールと呼ばれている。

練習問題

1.　AD 曲線を

$$P = \frac{M}{Y-200}$$

とし、AS 曲線を

$$Y = \overline{Y} + (P - P^e)$$

とする。ここで、$\overline{Y} = 300$、$P^e = 100$ とする。

1.1　短期 AS 曲線、長期 AS 曲線を図示し、$M = 8100$ のときの AD 曲線を図示した上で均衡国民所得と物価水準を求めなさい。

1.2　拡張的な金融政策で $M = 10,000$ となったとき、国民所得がどれほど変化するか答えよ。

2.　フィリップス曲線が

$$\pi = \pi^e - h(u - \overline{u})$$

であり、期待インフレーション率が 4% で、自然失業率が 4% としよう。$h = 2$ で実際の失業率が 5% のとき、インフレーション率はどれほどになるか答えなさい。また期待インフレーション率のみが 2% に下落した場合に実現するインフレーション率も答えなさい。さらに、長期フィリップス曲線を図示しなさい。

第 6 章

マクロ経済学に関係する基本モデル

　この章では経済分析にあたって有用なモデルを概観する。この章で学ぶのは、企業による資本量と労働量の決定、家計による労働供給の決定、労働市場における均衡と失業率である。これらは国際金融論を学ぶ上で直接必要にはならないが、経済学全般に共通した基礎的モデルであり、理解しておくと経済学を用いた議論には大変有効である。

1.　企業行動

1.1　生産関数
　経済学では資本と労働という 2 つの主な生産要素によって生産物が生産されると仮定する。生産物の量を Y、投入される資本と労働をそれぞれ K と L とすると生産関数

$$Y = A \times F(K, L)$$

が生産要素が生産物に変換される関係を示している。ここで A は全要素生産性あるいは生産性と呼ばれる係数である。この関数にはいくつかの性質が仮定されており、図で示されるように、労働の投入量を $\overline{L}$ というレベルで固定した場合には資本 K が増えるほどに Y が増えるものの、その増分は K が増えるほどに減少していく。このように、他の生産要素の投入量を固定して資本をもう 1 単位追加したときに得られる生産物の増分を資本の

限界生産力（MPK）といい、これは資本収益率と呼ばれることもある。そして限界生産力が資本の増加とともに減少するという、生産関数に仮定された性質を限界生産力逓減（diminishing marginal productivity of capital）という。

　図6.1では、資本の限界生産力は生産関数の（接線の）傾きであり、数式的には K についての偏導関数を $\overline{L}$ で評価し、それに A を掛けたもの、すなわち

$$MPK = A \times \frac{\partial F(K, \overline{L})}{\partial K}$$

である。

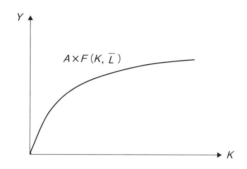

図6.1　労働投入量を一定としたときの生産関数

　図6.2には、資本量 K^* および K^{**} における資本の限界生産力が示されている。

　K^* における接線の傾きの方が K^{**} における接線の傾きよりも大きい。つまり、資本の限界生産力は資本投入量の少ない K^* の方が資本投入量の多い K^{**} に比べて大きい。このような限界生産力逓減が起きる理由は、他の生産要素である労働を固定した状態で K のみを増やし続けても、そこから得られる追加的な生産物は減少するということである。

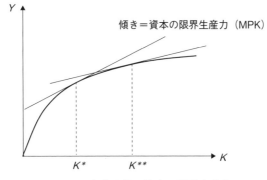

図6.2　生産関数と資本の限界生産力

1.2　資本の限界生産力と最適な資本量

　資本の限界生産力は生産関数の傾きであり、それは資本投入量が増加するほど減少するということを見た。すると、この性質を基にして企業は以下のように最適な資本投入量を決めることになる。まず、資本1単位当たりのレンタルコスト（R）は自らコントロールすることはできないので、これを所与とする。また、大まかにいえば資本のレンタルコストは、資本の価格に金利と資本の減耗分を掛けたものがリース料となるので、ここでは資本の減耗分を無視することにより、1単位当たりのレンタルコストは資本の価格に金利（利子率）を掛けたものと考えることにする。これは市場金利と資本価格なので、使用する資本の量には依存しない。そして限界生産力（MPK）に生産物の価格（P）を掛けたものが、資本を1単位増加させることで得られる収入であり、限界生産物価値（MPKV）と呼ぶことにする。

　そのとき、限界生産物価値がRより高ければ、資本投入量を増加させることで得られる収入（限界生産物価値）の方がコスト（R）よりも大きいので、資本投入量を増やす。逆であれば、資本投入量を減少させる。このようにすると、限界生産物価格とRが等しくなる資本投入量（K^*）が企業にとって最適な資本投入量となる。すると、市場金利が下落した場合にはRも下落するので、最適な資本投入量は増加し、市場金利が上昇した場

合には最適な資本投入量は減少する。これはどの企業にとっても同様であり、市場金利が下落した場合には資本を貸す側も資本を追加して調達しなければならないので投資が増える。このように、金利が投資量に影響を与えるのである。

　このことを図で示すと、まず縦軸に限界生産物価値とレンタルコストをとり、横軸に資本量をとれば、限界生産力が資本量に増加によって減少することから、右下がりの曲線が描ける。これが資本1単位当たりのレンタルコストRに等しいところで最適な資本量K^*が決まるので、図6.3のようになる。

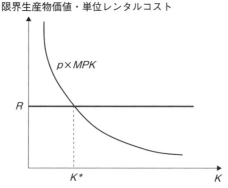

図6.3　限界生産物価値、資本のレンタルコストと最適資本量

資本レンタルコスト　(R) ＝資本の価格×(金利 (r) ＋資本減耗率)

$$p \times MPK > R \rightarrow 資本増加$$

$$p \times MPK < R \rightarrow 資本減少$$

$$p \times MPK = R \rightarrow 最適資本量$$

例：資本量の決定

簡単な例としてマッサージ店を考えよう。生産物の価格、ここではマッサージ料金を1回あたり3,000円（$p=3,000$）、賃金を1人あたり日当10,000円（$w=10,000$）としよう。そして資本としてベッドを1日あたり1台400円（$R=400$）でリースしているとしよう。

まず、ここでは3人を雇用（L=3）するとして、使用するベッドの数（K）、1日に提供できるマッサージの回数（Y）が以下の表の第1、2列のようになって（R）いると仮定しよう。すると資本の限界生産力（MPK）、資本の限界生産力価値（MPKV）、売上（pY）、ベッドリース代（RK）、支払賃金（wL）、と利潤が計算できる。

表6.1　3人雇用する場合の生産量、コスト、利潤

K（台）	Y（回）	MPK（回）	MPKV（円）	pY（円）	RK（円）	wL（円）	利潤（円）
0	0			0	0	30,000	−12,000
1	9	9	27,000	27,000	400	30,000	−3,400
2	15	7	21,000	45,000	800	30,000	14,200
3	19	4	12,000	57,000	1,200	30,000	25,800
4	20	1	3,000	60,000	1,600	30,000	28,400
5	20	0	0	60,000	2,000	30,000	28,000

はじめの2列が生産関数であり、資本の限界生産力であるMPKは、資本であるベッドを1台増やしたときの生産量Yの変化であるから、この表ではYの差分である。従業員を増やさずにベッドのみを増やしても追加的に供給できるサービスはベッド数の増加につれて下がっていき、ついには0になることがこの例からもわかる。MPKにマッサージ価格の3,000円を掛けたものがMPKVとなり、pYからRKとwLを引いたものが利潤である。この表では$K=4$のときに利潤が最大になることがわかり、このことはこのマッサージ店の資本量決定の原則

$$MPKV \geq R \text{ または } MPK \geq \frac{R}{p} \quad \rightarrow \text{資本追加または資本量維持}$$

$$MPKV < R \text{ または } MPK < \frac{R}{p} \quad \rightarrow 資本削減$$

からも確認できる。ベッドを3台から4台へと増やすとき、MPKは1であり、MPKVは3,000円であるがRは400円なのでまだベッドを追加できると思われるが、5台に増やすとMPKVが0になるので、資本を減らすことになる。よって4台が最適となる。

1.3　労働の限界生産力

　同じ議論が労働についても成り立つ。すなわち、労働の限界生産力（MPL）は資本投入量を$\overline{K}$のレベルで固定し、労働投入量を1単位増やしたときの生産量の増分であり、グラフでは生産関数の（接線の）傾きとなり、数学的には

$$A \times \frac{\partial F(\overline{K}, L)}{\partial L}$$

と表現できる。企業にとって賃金は市場賃金を所与として労働投入量を決定する。資本投入量の決定問題と同様に、MPLに生産物価格pを掛けた、限界生産物価格と労働投入量を1単位増やす際のコストである賃金の比較となる。結果として、企業にとって最適な労働投入量L^*は最適条件

$$p \times MPL = w \tag{6.1}$$

を満たす。なぜならば、左辺が労働を1単位追加することによって得られる追加的な収入で、右辺が労働を1単位追加することのコストであるから、左辺が右辺より大きければさらに追加雇用をし、逆であれば雇用を減らすからである。(6.1)式のMPLが雇用量によって減少することに注意すると、縦軸に限界生産物価値すなわち$p \times MPL$および賃金をとり、横軸に雇用量をとれば、右下がりの曲線が描ける。これが1単位当たりの労働の価格である賃金と等しいところで最適雇用量が決まる。

　図6.4からわかるように、賃金が上昇してw'となれば企業にとって最適な労働投入量はL'に減少する。これは労働コストが上がってしまったの

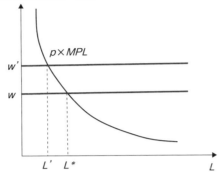

図6.4　労働の限界生産力、賃金と最適労働投入量

で、それに見合う限界生産力を持つレベルの労働投入しか選択できないということである。

1.4　労働の需要曲線

　労働市場では企業が需要側として企業自身にとって最適となる労働量を決定する。したがって、労働需要は賃金 w の下で最適条件（6.1）を満たす労働投入量である。慣例として労働需要は実質賃金 w/p と労働需要量の関係を表すことになっているので、最適条件（6.1）の両辺を生産物価格 p で割ると

$$MPL = \frac{w}{p}$$

となる。

　上の議論からわかるように、労働需要曲線は労働の限界生産力を示す曲線にほかならない。これは図6.5に示されている。

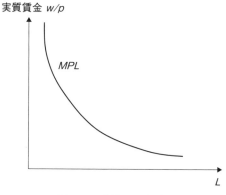

図6.5　労働需要曲線

1.5　生産性の上昇と雇用量

　生産性（A）の上昇は労働の限界生産力をすべての労働投入量について上昇させるため、図6.6の労働需要曲線を上方にシフトさせる。これにより雇用量がL^*からL'へと増える。

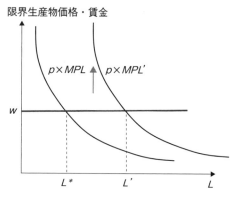

図6.6　生産性の上昇と最適労働投入量

1.6　完全雇用生産量

　ここで、労働市場を考えることにしよう。労働あるいは労働者の需要側は、労働者を雇用する企業であり、供給側は労働者あるいは家計である。企業は利潤最大化を目的として雇用量を決定し、労働者は労働によって得られる賃金（それによって消費を行うことで効用最大化を図る）と、労働することによって失われる時間、機会損失を比べて労働供給量（労働時間）を決定する。そして労働需要と労働供給が一致した労働量での生産量を理論上の完全雇用生産量という。

例：マッサージ店の労働量決定
先ほどの例で、今度はベッドを2台（$K=2$）使用するとしたときの労働量（L）と生産量（Y）を基に労働の限界生産力（MPL）、労働の限界生産力価値（MPLV）、売上（pY）、資本コスト（RK）と利潤が表6.2に示されている。

表6.2　ベッドを2台使用するときの生産量、コスト、利潤

L （人）	Y （回）	MPL （回）	MPLV （円）	pY （円）	wL （円）	RK （円）	利潤 （円）
0	0			0	0	800	− 800
1	6	6	18,000	18,000	10,000	800	7,200
2	11	5	15,000	33,000	20,000	800	12,200
3	15	4	12,000	45,000	30,000	800	14,200
4	18	3	9,000	54,000	40,000	800	13,200
5	20	2	6,000	60,000	50,000	800	9,200

限界生産力とは、追加的に1人雇用したときの生産量の変化分であり、ここでは回数で示してあり、Yの差分といってよい。この表によれば1人を雇うと6回マッサージが提供できるため、1人雇うことの限界生産力は6回であり、これに1回あたりのマッサージ料金3,000円を掛けると労働の限界生産力価値の18,000円が得られる。利潤は、売上から賃金支払いとベッドのレンタル料800円（400円が2台）を差し引いたものとなる。ここで経営者が決めるのは、何人の労働者を雇用するかである。利潤からわかるように、3人雇用したときが最も利潤が高くなるので、3人雇用する。ここから、MPLVが $w=10,000$ よりも高ければ追加で雇用あるいは雇用を維持した方がよく、低ければ雇用を減ら

した方がよい、ということがわかる。つまり、

$$MPLV \geq w \text{ または } MPL \geq \frac{w}{p} \quad \rightarrow \text{追加雇用または雇用維持}$$

$$MPLV < w \text{ または } MPL < \frac{w}{p} \quad \rightarrow \text{雇用削減}$$

である。

1.7 企業行動の数学的解法

これまでどおり生産関数を $y = A \times F(K, L)$ として、生産物の価格を p としよう。K は資本量であり、L は労働量である。企業は資本を借り、労働者を雇う。資本のレンタル費用を R とし、賃金を時間あたり w とする。このとき、企業の利潤は（生産物がすべて売れるとすると）生産物の市場での価値から生産のコストを引いた

$$p \times A \times F(K, L) - w \times L - R \times K$$

となる。この利潤を最大化するように企業は K と L を決定するので、これら2つの変数で偏微分して0とおくことによって

$$p \times A \times \frac{\partial F(K, L)}{\partial K} = R$$

$$p \times A \times \frac{\partial F(K, L)}{\partial L} = w$$

という2つの条件を得る。この2つの式を変形させると

$$A \times \frac{\partial F(K, L)}{\partial K} = \frac{R}{p}$$

$$A \times \frac{\partial F(K, L)}{\partial L} = \frac{w}{p}$$

となり、1つ目の条件は資本の限界生産力が実質資本レンタル費用に一致し、2つ目の条件は労働の限界生産力が実質賃金に一致することを示して

いる。後者を古典派の第1公準と呼ぶこともある。これらの条件式は最大化問題を解いて出てくる1階の条件と呼ばれる。

2.　労働供給、労働市場と失業

2.1　家計による労働供給の決定

　労働供給はどのように決まるのであろうか？　まずここでは直観的に説明すると、実質賃金の上昇は労働者の労働意欲を駆り立て、労働供給を増加させる方向に働く。例えば、今月は繁忙期で、時給を20%増やすので日曜日も働いてほしいと言われたら、働く人は多いだろう。しかし、人間は身体的に働ける時間には上限がある上、通常は法規制もあって最高でも働ける時間が限られている。また、年収が4,000万円を超える労働者の時給が20%上がったとしても、そのような労働者にとってはお金よりも自由に使える時間の方が重要になり、日曜勤務を拒否することは想像できる。このため、通常は賃金上昇とともに労働供給が増えることで労働供給曲線は右上がりとなるが、ある程度以上賃金が上がった場合には労働供給が増加しない（供給曲線が垂直になる）か、あるいは減少する（左上がりになる）場合も考えられる。

　ではミクロ経済学の基礎を用いてもう少しフォーマルに検討してみよう。各個人（家計）の幸福水準である効用（utility）を示す効用関数を$U(C, N)$とし、消費Cと余暇時間Nの量によって効用が決まると考える。消費も余暇も効用を上昇させるので、家計はどちらも欲しいのである。図6.7の右下がり曲線は効用関数から導かれる無差別曲線（indifference curve）と言われるものであり、その曲線上の点（CとNの組み合わせ）では同一の効用を与える。右上の別の無差別曲線は高い効用水準にあたる。つまり、消費も余暇がともに増えれば効用を上げるが、いずれかを増加させるのであれば、もう1つはある程度減少させても効用は不変ということである。家計としては、できるだけ右上の、高い水準の効用を達成したい。しかし予算制約がある。消費するためのお金は、労働して得るしかないとい

う制約である。

　労働は余暇以外の時間であり、1日を24時間とすれば$L+N=24$を満たす。消費財価格をpとし、賃金をwとすると、$pC=wL$を満たす。この式を変形して、$pC=w(24-N)$とすると、予算制約式は$C=w/p \times (24-N)$であるので、傾きが$-w/p$、つまりマイナスをつけた実質賃金となる。実質賃金の上昇や下落といった変化は予算制約式の傾きを変える。しかしN軸上の切片は$C=0$のときに$N=24$（つまり$L=0$）であり、この点は実質賃金の変化によって変わらない。

　家計は所与の予算制約の下で効用最大化を図るので、最適な選択は予算制約線と無差別曲線の接点がそれにあたる。図6.7には2本の予算制約線が描かれているが、傾きの小さい予算制約線（実質賃金が低い）の下での家計の選択はEとなり、傾きが大きい（実質賃金が高い）予算制約線の下での家計の選択はFとなる。

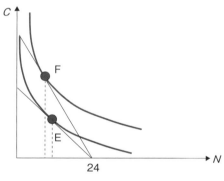

図6.7　余暇と消費の決定

　実質賃金の増加は、予算制約線の傾きを絶対値で大きくするため、余暇を減らして労働供給を増やしていることがわかる。ここから、右上がりの労働供給曲線が得られる。

2.2　労働市場の均衡

図6.8には労働市場の需要曲線と供給曲線が描かれている。企業の利潤最大化から求められた労働需要 Ld と、家計の効用最大化から得られる労働供給 Ls の交点で労働市場の均衡が起きる。このとき、均衡の実質賃金は $(w/p)^*$ であり、労働量は L^* となる。このとき、賃金 $(w/p)^*$ で働きたいと思う人はすべて雇用されているので、完全雇用となり理論的には失業は発生しない。

もしも実質賃金が $(w/p)'$ の水準であったらどうなるであろうか？　実質賃金が高いため，家計からは働きたい人が増えるが、企業にとってはさほど雇用をすることができない。つまり、労働供給が労働需要を上回り、失業が発生している。つまり、均衡の実質賃金よりもよりも高い水準に実質賃金がある場合には失業が発生する。このような賃金の硬直性の理由の1つは賃金改定が1年に1回あるいはそれ以下の頻度であるために名目賃金 w が変化しにくいことである。

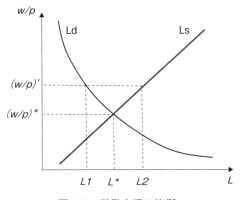

図6.8　労働市場の均衡

2.3　失業率の定義

満15歳以上の人は、①：（就業者）雇用されている（自営を含む）、②：（完全失業者）失業している、③：①・②のいずれでもない、のうちのい

ずれかに該当する。①は調査の1週間前に働いている必要があり、②は調査期間中には働いていないが、すぐに就業可能で、なおかつ職探しをしている必要がある。③はそのいずれでもなく、高校生、大学生などの学生や主婦、退職者などが該当する。働いておらず、職探しも行っていない人である。①と②を合わせた数を労働力人口という。

完全失業率 u は

$$u = \frac{完全失業者数}{労働力人口} \times 100 = \frac{②}{①+②} \times 100$$

で定義される。そして労働力人口比率は

$$\frac{労働力人口}{15歳以上人口} \times 100 = \frac{①+②}{①+②+③} \times 100$$

となる。

表6.3　15歳以上人口のグループ分け

15歳以上人口		
労働力人口		非労働力人口
①：就業者	②：完全失業者	③：①、②以外

失業率のデータの解釈には注意が必要である。非常に景気が悪くなると、失業者が職探しをあきらめて、非労働人口となる場合がある。すると、失業率の分母・分子ともに減少するが、相対的に分子の減少の方が大きくなり、景気が悪いにもかかわらず失業率が低下する。この場合は、労働力人口が減ったのかを確認するために労働力人口比率も見るべきである。

2.4　現実の失業率

上記で見たモデルでは実質賃金が伸縮的に調整して労働市場が均衡していれば失業率は0になる。ところが実際には失業率が0になることはなく、常に失業者が存在している。これはなぜであろうか？　この理由の

1つは**摩擦的失業**という、転職を希望する場合や、学校を卒業して就職活動をする場合、または一時期に介護や育児で就業していなかった人が仕事を再開する際などに、比較的短期間であるが職探しをしなければならない失業の存在である。企業側にとって職歴、学歴、スキルその他で望ましい労働者を探すには時間がかかり、労働者側にとっても好ましい業種、勤務地、待遇などを探すには時間がかかるため、失業の期間が存在する。この摩擦的失業は、現実の経済では労働人口に参入する人と退出する人が常に存在するので、図6.9の雇用量L^*であったとしても存在する。

　もう1つの理由は、**構造的失業**と呼ばれる失業の存在である。何らかの構造的な理由によって、ある労働市場で実質賃金が均衡賃金よりも高くなるなどの理由で労働供給が労働需要を上回っているために起こる失業である。最低賃金の存在がその1つであり、最低賃金$\overline{w}$が設定され、その下での実質賃金（$\overline{w}/p$）が均衡賃金（w/p）*よりも高くなるために$L2-L1$が失業となるのである。

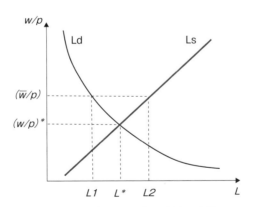

図6.9　名目賃金の下方硬直性と失業

　このほか、失業保険などのために一定期間就業せずに失業状態でいたほうが好ましい場合も、あるいは本気で就業するつもりがないにもかかわらず就職活動をして失業保険を得る場合も、失業の一部として存在する。ま

たスキルや経験が十分でないために、雇う側と労働者のミスマッチから起こる失業も存在し、この失業は摩擦的失業と比べて失業期間が長くなる。例えば若年者はスキルや経験が十分でないため、雇用されにくく、また雇用される業種は比較的短期の仕事が多く、再度失業することになる。製造業で雇用されていた人が製造業の衰退で工場が閉鎖となると、同じような職種では仕事が見つかりにくく、成長産業での雇用に必要なコンピュータなどのスキルを持たずに失業が長引くというような場合である。

　このような構造的失業は常に存在する。つまり、仮に賃金改定が頻繁に行われ、あるいは物価が伸縮的であったとしても、構造的失業は存在することには注意が必要である。

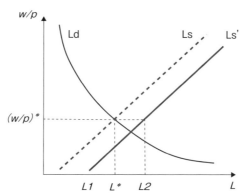

本来の労働供給曲線 Ls とスキルが一定水準に満たない労働者を合わせた労働供給曲線 Ls'。賃金 $(w/p)^*$ の下で $(L2\text{-}L^*)$ の失業が発生している。

図 6.10　自然失業率での構造的失業の例

　摩擦的失業と構造的失業のみからなる失業率を**自然失業率**といい、現実の失業率が自然失業率に等しいときに労働市場は長期均衡状態にあると考えることにする[1]。物価や賃金は長期で見れば伸縮的であると考えられ、

---

[1] 自然失業率も長期には変化することには注意が必要である。

そのような場合に得られる雇用量を完全雇用水準雇用量、そのときの失業率が自然失業率である。そしてその際に経済が生産できる量を**潜在GDP**あるいは**自然産出量**、または**完全雇用水準産出量**といい、この生産量と現実の生産量の差を**産出ギャップ**あるいは**GDPギャップ**という。好景気では実際のGDPが完全雇用水準産出量を上回ることが多く、このときにGDPギャップは正、不景気では実際のGDPが低下してGDPギャップが負となることが多い。

練習問題

1. 技術進歩がおこり、労働の限界生産力が上がる場合には労働需要曲線はどのように変化するであろうか？　その際、労働市場で決定される均衡賃金はどのように変化するであろうか？

2. 総務省統計局の労働力調査から、過去1年間の完全失業率および労働力参加比率を毎月に渡って調べ、作図しなさい。

第2部

国際マクロ経済学

第7章

為替レート

為替レートの基本と外国為替市場について学ぶ。為替レートがどのように計算されるかを理解し、固定為替レートがどのように機能するのかについても学ぶ。

1. 為替レートの基本

1.1 為替レートとは

為替レートあるいは為替相場とは通貨と通貨の交換比率であり、例えば1アメリカドルを得るために日本円ではいくら払わなければならないかを示すものである。これは1ドルあたり150円などと表現され、1ドルを得るためには150円を支払わなければならないとともに、1ドルを持っていれば150円と交換できるという意味である。この為替レートは、円で示した1ドルの価格、と呼ぶこともできる。同様に1ユーロあたり1.1ドルなどとしてユーロとドルの為替レートが表現される。これは1ユーロを購入するためには1.1ドルが必要という意味であり、1ユーロを売れば1.1ドルになるという意味である。同時にドルで示した1ユーロの価格と理解することもできる。円と世界の通貨の為替レートの多くは、円を含む多様な通貨が売買される外国為替市場において、各通貨の需要と供給によって時々刻々変化している。為替レートが変化する際に、円とある外貨を交換する際、同量の円でその外貨のより多くの額と交換できるようになれば、円が

その外貨に対して高くなった、あるいは強くなったという。または円の増価（appreciation）という。逆に、円が少ない額の外貨としか交換できなくなれば、円がその外貨に対して安くなった、あるいは弱くなったといい、円の減価（depreciation）とも呼ばれる。

　例えば、1ドルあたり150円という為替レートが100円になったとき、1ドルはより少額の円にしか替えることができなくなるが、円はより多くのドルに交換できるようになる。例えば1,000円あれば1,000/150＝6.67ドルと交換できたのが、為替レートの変化により1,000円で交換できるドルは1,000/100＝10ドルになる。このため、1ドルあたり150円の為替レートが1ドルあたり100円に変化する（円で示した1ドルの価格が下落する）ことを円高・ドル安になったといい、円がドルに対して増価した、円がドルに対して強くなった、などと言われる。逆に為替レートが1ドルあたり200円に変化する（円で示した1ドルの価格が上昇する）と、変化後の為替レートで1,000円と交換できるドルの額は1,000/200＝5ドルであり、少額のドルとしか交換できなくなる。この場合は円安・ドル高になったといい、円がドルに対して減価した、円がドルに対して弱くなった、などと言われる。

1.2　為替レートと価格

　1ドルあたり150円が為替レートであるとすると、アメリカでは100ドルで売られている本は日本円に換算すると100ドル×150（円／ドル）＝15,000円になる。この計算の左辺で、「ドル」という文字が分母と分子で相殺され、「円」という文字だけが残り、これが右辺の単位になっていることに注意しよう。もしも為替レートが円安となり、1ドルが200円となれば、この本の日本円での価格は100ドル×200（円／ドル）＝20,000円に上昇する。このように、円安によって外国の財（モノ）やサービスの円表示での価格は高くなるのである。逆に円高の場合と考えてみると、1ドルが150円から100円になった場合にはこの本の円での価格は100ドル×100（円／ドル）＝10,000円に下がり、外国製品や外国のサービスが日本の居住

者には安く感じられるのである。

　次に日本の財・サービスを外貨で表示した場合、為替レートの変動が日本の財・サービスの価格にどのような変化をもたらすかを見てみよう。

　例として、20,000 円の寿司会席というサービスを考えよう。1 ドルあたり 150 円という為替レートではこのサービスは 20,000 円／150（円／ドル）＝133.33 ドルである。再度、この計算では左辺の「円」が分母と分子で相殺され、「ドル」の文字だけが残ることに注意しよう。もしも為替レートが円安になって 1 ドルあたり 200 円になればこの寿司会席の価格は 20,000 円／200（円／ドル）＝100 ドルである。アメリカの居住者にとって、寿司会席が以前よりも安くなるのである。逆に為替レートが円高となり、1 ドルあたり 100 円になれば 20,000 円／100（円／ドル）＝200 ドルに上昇する。アメリカ居住者にとっては、円安・ドル高になれば日本の財・サービスは安く感じられ、逆に円高・ドル安になれば日本の財・サービスが高く感じられるのである。

　このことから、円安は外国の財・サービスの円表示額を上げる一方で日本の財・サービスの外貨表示額を下げる。逆に円高は外国の財・サービスの円表示額を下げる一方で日本の財・サービスの外貨表示額を上げる。このことは輸入と輸出が為替レートの変化によってどのように変わるかを考える際に重要である。

2.　実際の為替レート

2.1　世界の為替レート：変動為替レートと固定為替レート

　表 7.1 にあるように、世界中には非常に多くの通貨が存在するが、総数はどれほどになるのであろうか？　2023 年の IMF のレポート [1] が公開している 194 の国と地域の通貨制度のうち、独自の通貨を持たず他国の通貨を

---

[1] https://www.imf.org/en/Publications/Annual-Report-on-Exchange-Arrangements-and-Exchange-Restrictions/Issues/2023/07/26/Annual-Report-on-Exchange-Arrangements-and-Exchange-Restrictions-2022-530144

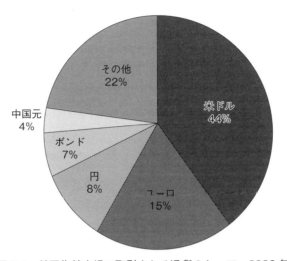

図 7.1　外国為替市場で取引される通貨のシェア　2022 年

Bank of International Settlement *Triennial Central Bank Survey of Foreign Exchange and Over-the-counter (OTC) Derivatives Markets* より [2]

使用している 14 の国と地域を除いた、180 に上る。

とはいえ、貿易や金融資産売買の必要上でほとんど取引されない通貨も存在する。

図 7.1 が示すように、取引される通貨の 44% がアメリカドルであり、ユーロの 15%、円の 8%、ポンドの 7% と続く。中国元のシェアも現在では比較的大きいが、それでも 4% にとどまり、ドルやユーロに比べるとはるかに小さい。

次に、外国為替市場の国別サイズを見てみよう。図 7.1 でドルが世界で圧倒的なシェアを持つことを見たが、図 7.2 によれば最も大きな外国為替市場を持つのはイギリスである。アメリカ、シンガポール、香港、日本が続く。

---

[2] データは　https://stats.bis.org/statx/toc/DER.html　から取得できる。

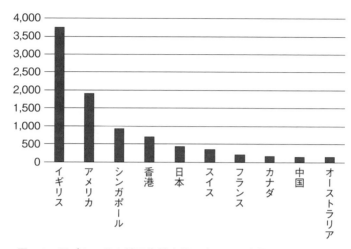

図 7.2　国ごとに見た外国為替市場の大きさ　単位　10 億米ドル
Bank of International Settlement *Triennial Central Bank Survey of Foreign Exchange and Over-the-counter（OTC）Derivatives Markets* より

2.2　為替レートのデータ

　ある時点での各通貨 1 単位を購入するために必要な円、すなわち円で示された各通貨の価格である為替レートが以下の表 7.1 ように表示されている。これらはスポット（spot、現物）レートと呼ばれる為替レートであり、通貨による変動の幅に違いはあるが、時間とともに変動するレートである。

　この表を見ると、通貨名に USD、GBP などのアルファベット 3 文字が書かれているが、これは国際標準化機構（ISO，International Organization for Standardization）による世界共通の通貨コードである。そして T.T.S. とは Telegraphic Transfer Selling の略で、銀行が顧客に売る際に適用される為替レートである。例えば 1 米ドルを得るためには 150.79 円を支払わなければならず、同様に 1 イギリスポンドを購入するためには 186.64 円が必要である。

　逆に T.T.B. は Telegraphic Transfer Buying の略で、銀行が顧客から外貨を買って円にする際のレートであり、このレートによれば、1 米ドルを

表7.1　2023年10月2日の為替レート

通貨名	T.T.S.	T.T.B.	CASHS.	CASHB.
USD（米ドル）	150.79	148.79	152.59	146.79
GBP（イギリスポンド）	186.64	178.64	194.64	170.64
CAD（カナダドル）	111.95	108.75	118.95	101.75
CHF（スイスフラン）	164.41	162.61	168.41	158.61
SEK（スウェーデン・クローナ）	14.1	13.3	16.1	11.3
EUR（ユーロ）	159.77	156.77	162.27	154.27
DKK（デンマーク・クローネ）	21.52	20.92	23.52	18.92
NOK（ノルウェー・クローネ）	14.28	13.68	16.28	11.68
THB（タイ・バーツ）	4.16	4	4.55	3.61
AUD（オーストラリアドル）	98.34	94.34	106.04	86.64
HKD（香港ドル）	19.56	18.7	21.56	16.7
SAR（サウジアラビア・リヤル）	40.8	39.2	****	****
CNY（中国元）	20.78	20.18	****	****
KRW（韓国ウォン）	11.3	10.9	12.6	9.6
SGD（シンガポール・ドル）	110.36	108.7	115.36	103.7
NZD（ニュージーランド・ドル）	91.77	87.77	98.47	81.07
MXN（メキシコ・ペソ）	9.6	7.6	****	****
TRY（トルコ・リラ）	7.96	2.96	****	****
RUB（ロシア・ルーブル）	1.78	1.28	****	****

三菱UFJ銀行ウェブサイトより（https://www.bk.mufg.jp/ippan/gaitame/xls_att.html）一部抜粋
（KRWは100ウォンあたりの価格が円で表示されている。）

銀行に売ると148.79円に替えてくれ、1カナダドルを銀行に売れば108.75円になる。この Telegraphic Transfer レートは、電信扱い、つまり送金など現金を介さない通貨の取引に適用されるレートであり、現金（cash）を売買する場合のレートは、銀行が売る場合はCASHS.で買う場合はCASHB.である。

表記法

1米ドルを購入するために必要な円を一般には USDJPY あるいは USD/JPY と表記する。これは割り算のように見え、1円あたりに必要な米ドル額にも見えるが、そうではない。これは慣習によるものであるが、USD 1 = JPY 150.58 の両辺の文字の部分を JPY で割って USD/JPY = 150.58 となると覚えておくと便利である。同様に EURJPY = 159.5 である。

なお、本書では為替レートに S を使う。直観に従い、$S_{¥/\$}$ は1米ドルを購入するために必要な円の額とする。表7.1によれば $S_{¥/\$}$ = 150.58 であり、また、ポンドが £ で示されることから $S_{¥/£}$ = 186.53 である。一般的な表記法と S の添え字部分が逆転していることに注意してほしい。

為替レートの表記法

1ドルあたり150円とすると

USD/JPY = 150, USDJPY = 150, または $S_{¥/\$}$ = 150

2.3 スプレッド

T.T.S. と T.T.B. には差があり、これをビッド・アスクスプレッドという。ビッド（bid）とは銀行が買うレートであり、アスク（ask）は銀行が売るレートである。アスクレートは常にビッドレートより高く、この2つのレートの差であるスプレッドが銀行の取り分となるわけであるが、これがすべて銀行の利益になるわけではない。同様に CASHS. および CASHB. で示されている現金の為替レートにもビッド・アスクが存在するが、こちらは電信のビッド・アスクスプレッドよりも大きい。この理由は銀行が現金を調達する際の輸送料や保険料に加え、買い取った外貨が偽造ではないかを検査するためのコストなどが含まれるため、現金レートのスプレッドは電信レートのスプレッドよりも大きくなっているのである。

電信レートのスプレッドが銀行にとって必要な理由は、まず、銀行にとって必ずしも望ましくない通貨を持つことによって機会損失が発生する

からである。例えば、銀行としては円を持つことで金利などの収益を得たい場合でも顧客がドルを売りたい場合、その機会損出をカバーできるほど安くドルを買うことができるのであれば円を手放す。また、銀行がドルを持ちたい場合にも顧客が高い金額で買って機会損出をカバーできればドルを手放すわけである。スプレッドが銀行にとって必要な理由のもう1つは、手持ちでない外貨を顧客が望む場合には外部から調達せねばならず、この調達コストが存在するからである。

　注目すべきは、スプレッドが売買される通貨によって異なっているという点である。例えば、電信レートのドルでは2円であるのに対し、オーストラリアドルでは4円、ポンドでは8円である。為替レートのパーセントを考慮してもやはり、売買される通貨によって異なっているのである。これはどの程度その通貨の調達が困難であるかによる。つまり、市場で交換される頻度や取引量が大きい通貨ほど、調達が容易であるために調達コストが低く、スプレッドも低くなる。同時に、銀行間の競争が存在することから、流通量の大きい通貨は銀行間の競争が激しくなり、スプレッドは減少する傾向がある。また、流通量が少ない通貨や現金をその国の外に持ち出すことに制限が掛けられている通貨については銀行が顧客に売買せず、＊＊＊＊となっている。

2.4　為替レートと裁定取引

　ドルと円、ユーロと円の2種類の為替レートが与えられた場合、ドルとユーロの為替レートも容易に計算できる。ここで仮にTTSとTTBの差がないとして、TTSを使うと1ドルは150.58円であり、1ユーロは159.5円である。

$$S_{€/\$} = \frac{S_{¥/\$}}{S_{¥/€}} = \frac{150.58}{159.5} = 0.944$$

となり、1ドルあたり0.944ユーロがドルとユーロの為替レートである。ここで、Sの添え字の部分に注目してほしい。割り算から、$(¥/\$)/(¥/€)$ $=€/\$$ となるために、1ドルあたりのユーロを計算するためには1ドルあ

たりの円を1ユーロあたりの円で割ればよいのである。同じ理由で、1ユーロ購入するために必要となるドルを求めたい場合には、$\$/€ = 1/(€/\$)$ であるから、

$$S_{\$/€} = \frac{1}{S_{€/\$}} = \frac{1}{0.94} = 1.06$$

であり、1.06ドルが1ユーロの購入に必要となることがわかる。数式的には明確であるが、実際にはなぜこのようになるのであろうか？ 仮に$S_{\$/€} = 1.04$であったとしよう。つまり、1ユーロで購入することができるドルが1.06ではなく1.04である。そして1ユーロを持っていた場合に、次の2つの異なる方法でドルを購入するとしよう。

A. ①ユーロをまず円に替えて、②その後円をドルに替える
B. ユーロを直接ドルに替える

　A. の場合には、先ほど計算したように、$S_{¥/€} = 159.5$ なので、1ユーロは159.5円となり、これをドルと円のレートである$S_{¥/\$} = 150.58$を使えば、$S_{\$/¥} = 1/S_{¥/\$} = 1/150.58$ となる（150.58円が1ドルになるので、1円が$1/150.58$ドル）。159.5円は$159.5/150.58 = 1.06$ドルとなる。しかし、直接ユーロをドルに替えるB. の方が1.04ドルにしかならないのであれば、誰もユーロを直接ドルには替えないのであるが、逆にドルを持っているのであればA. とB. をそれぞれ逆に利用してドルをユーロに替える場合にはB. の方がより多くのユーロに替えることができる（図7.3参照）。
　1ドルがどれだけのユーロになるかを見るために為替レートを計算すると、

A'. $S_{€/\$} = 0.944$ 　（ドルを円に替えて、その後に円をユーロに替える）
B'. $S_{€/\$} = 1/1.04 = 0.96$ 　（ドルを直接ユーロに替える）

である。すなわち、ドルを直接ユーロに替えたほうがより多くのユーロを

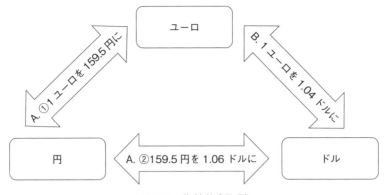

図7.3　為替裁定取引

A.　ユーロを円に替えてからドルにする場合とユーロを直接ドルに替える場合で得られるドルが異なる場合には、逆にドルを売ってユーロを得ることで利益が出るので、ドル・ユーロの為替レートがドル安・ユーロ高に向かう。このような裁定取引によって、各市場での差がないように為替レートが決まる。

手にできるのである。このため、B'. によってドルをユーロに替えた後、A. によってユーロを円に替えた後にドルにすれば、1ドルが0.96ユーロになり、これが0.96/0.94＝1.02ドルになる。つまり、1ドルが為替取引だけで1.02ドルとなる、およそ2パーセントの利益を出すことができるのである。これはどの投資家も望むことであるから、すべての投資家がA'. ではなくB'. を利用しようとし、B. ではなくA. を使用しようとする。この結果、B'. のようなドルにとって有利な相場ではドルを売りユーロを買いたい投資家が多く、その反対側でドルを買ってユーロを売る投資家が足りなくなる。ゆえに1ドルでは0.96ユーロを得られなくなってくる。0.94までレートが下がれば、それ以上の利潤機会がなくなり、ドルをユーロ、円を介してドルに戻すという為替取引は止まるとともに、そのような取引に伴う為替変動も止まる。

　このような安い市場で買って高く売れる市場で売ることを**裁定取引（ar-bitrage）**といい、このような市場間の裁定取引によって、各市場でのレートが同一になるわけである。

2.5 その他の為替レート：スポットとフォワード、フューチャーの違い

　外国為替市場においては、1つの通貨を売り、別の通貨を買うという取引が即時（2営業日で決済する場合もある）に完結するスポット（現物）取引以外にも、フォワード（先渡し）取引も存在する。これは将来に売買する通貨のための為替レートを現時点で決めておくという取引である。例えば60日後に1万ドルを買って円を売るための為替レートを、今日1ドルあたり140円と決め、円とドルの交換は60日後に行うという取引である。今日決められた、将来の取引のための為替レートである1ドルあたり140円をフォワード為替レートという。フォワード取引が有用であるのは、将来に外国通貨が必要であるが、現在は円で持っておきたい、あるいは手持ちに十分な円がないような場合である。例えば30日後にドルでアメリカに支払いの必要があるが、20日後になるまで円での収入がない、というような状況である。

　フォワード取引をすることにより、現在から支払いを行うまでの間における為替レート変動のリスクをなくすことができるのである。ただし、このフォワード取引は輸入に関わる比較的大きな企業と銀行などの間で行われ、そこで為替レートが決定する取引であり、個人が利用することは難しい場合が多い。

　個人も買うことができる、将来為替レートに関する金融商品としてはフューチャー取引（future contract）がある。これは先物と呼ばれることもある。規格化された金額で、決済日が決まっており、市場で売買が可能なものである。ここで決まる為替レートをフューチャーレートという。

2.6 実効為替レート

　円と外貨との為替レートを考えたとき、外貨は多数存在するので円との為替レートも多数存在することになる。それら複数の為替レートを何らかの形で平均化することによって円の外貨に対する価値がどのように変化しているのかを追うことができる。そのようなものの1つとして、実効為替レートは貿易量をウェイトとして複数の為替レートを加重平均することに

よって計算される。

3.　固定為替レート

3.1　固定為替レートの仕組み

　では固定相場（レート）制を導入している国はどのようにして為替レートを固定しているのであろうか？ ここで重要となるのは中央銀行とその外貨準備、そして裁定取引の存在である。

　例えば日本の中央銀行である日本銀行（日銀）が1ドルを150円で固定するとしよう。この時、固定レートに必要なのは、自由な外貨取引を規制することではなく、日銀がこの固定レートで円とドルの交換を保証することである。すなわち、150円を日銀に持ち込めば1ドルと交換し、1ドルを日銀に持ち込めば150円にしてくれるということである。今仮に、外国為替市場でのレートが1ドルあたり100円であるとし、単純化のために

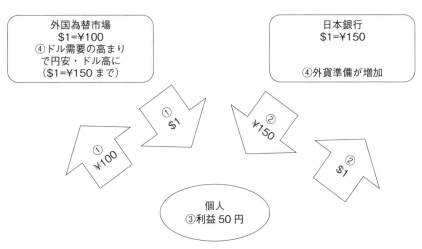

図 7.4　裁定取引を使った固定レートの例
①まず100円を外国為替市場で$1にし、②その$1を日銀に売って¥150円とすることで③¥50の利益が出る。④外国為替市場でのドル需要の高まりから、円安・ドル高が進み、$1＝¥150になるまで裁定取引が続く。

ビッド・アスクスプレッドは0であるとしよう。すると、図7.4に示す、次のような交換によって利益を生むことができる。まず、手持ちの100円を外国為替市場で1ドルに交換する。そしてその1ドルを日銀に持ち込めば150円になる。すると手持ちの100円は150円となり、50円の利益を生むことができるのである。

　これは、2つの異なる為替レートを使った裁定取引にほかならない。このように容易に利益を生むことができるのであれば、誰でも同じ取引を行う。すると、外国為替市場では大量の円が売られ、ドルが買われるので、円安・ドル高になるはずである。すると1ドルあたり100円が110円、120円となっていき、150円になったときに完全に裁定取引による利益が消滅し、これ以上の円安・ドル高にはならない。すると、1ドルあたり150円が外国為替市場でも実現することになる。もし市場レートが1ドルあたり200円である場合には、150円を日銀に持ち込んで1ドルにしてもらい、その1ドルを外国為替市場で売却することによって200円となるため、50円の利益を生むことができる。すると、裁定取引は外国為替市場で大量のドルが売られて円が買われることを意味するので、そこでの円高・ドル安が進み、1ドルあたり190円、180円、170円となって、最終的に1ドルあたり150円となったところで裁定取引による利益が消滅してそれ以上の円高・ドル安が起きなくなる。

3.2　外貨準備の必要性

　上記の例では、日銀が無制限に固定レートでの円とドルの交換を保証したが、円をドルに交換するためには、日銀があらかじめドルをもっておかなければならない。ここに外貨準備の必要がある。外貨準備が枯渇する場合には固定レートを維持することはできなくなる。なぜならば中央銀行が外貨と自国通貨を交換できない場合には裁定機会が発生してしまうため、市場レートが公定レートに定まる必然がなくなるためである。このとき、中央銀行には2つの選択肢があり、1つは固定レートをやめて変動レートとすることであり、もう1つは以下に見るような固定レートの切り下げで

ある。

3.3　通貨の切り上げ（revaluation）と切り下げ（devaluation）

　固定レートにおいて、自国通貨を減価させるように固定レートを変更することを自国通貨の切り下げといい、逆を切り上げという。例えば1ドルあたり150円（$S_{¥/\$}=150$）を1ドルあたり200円（$S_{¥/\$}=200$）とする場合は円の切り下げという。それまでは1ドルを日銀に持っていけば150円に交換してくれたが、これからは200円と交換してくれることになり、より多くの円と交換できるので、人々は日銀にドルを売って円を買うことになる。すると日銀は円を追加で発行していることになるのでマネーサプライが増加し、また日銀は手持ちのドルを増加していることになるので、外貨準備も増加する。逆に1ドルあたり100円（$S_{¥/\$}=100$）とするような固定レートの変更は円の切り上げであり、この際にはマネーサプライと外貨準備が減少する。

練習問題

1. 表の T.T.S. を使い、1バーツと1スイスフランで買うことのできるドルの額をそれぞれ計算しなさい。なお、ISO による3文字の通貨コードを https://www.iso.org/iso-4217-currency-codes.html　から調べ、本文中の為替レート表記法（6文字あるいは3文字／3文字）によって答えなさい。

2. 裁定取引について、B'. の場合に1ドルで買うことのできる円と、その円で買うことができるユーロの額を計算して図7.3同様の図を作成しなさい。

3. 1ドルあたり150円の固定レートを用いていると仮定しよう。このレートを1ドルあたり100円にする円の切り上げを行う場合に、どのような裁定取引が起きて外国為替市場での為替レートが新しい為替レートになるか、説明しなさい。

第 **8** 章

為替レートの長期モデルと実質為替レート

変動レートの下で、外国為替市場によって為替レートはどのようなレベルに落ち着くのであろうか？ 長期的には何が為替レートの決定因なのであろうか？ という問題を考える。

1. 長期為替レートの基本モデル

1.1 一物一価の法則

同一の財であれば、同じ通貨で表示した価格は世界中のどこで売られていようとも同じ価格になる、というのが一物一価の法則と言われるものである。以下のような仮定をしよう。

① 輸送費がかからない

② 関税や貿易量制限など、貿易の障壁が存在しない

③ 市場が競争的である

すると、日本では 3,000 円で売られている T シャツのアメリカでの価格は

$$¥3,000/S_{¥/\$}$$

ドルであり、例えば 1 ドルが 150 円であれば $S_{¥/\$} = 150$ なので 20 ドルとなる。これがもし、25 ドルで売られているのであれば、日本から輸出して

売れば1枚当たり5ドルの利益が出るという裁定取引の機会が発生するので、日本の市場ではTシャツが大量に買われてアメリカの市場で大量に売られることになる。需要と供給によってそれぞれの市場でのTシャツ価格が決まるために、日本でのTシャツ価格は3,000円から上昇する一方、アメリカでは25ドルから下落するようになる。Tシャツ価格の日本での上昇とアメリカでの下落は、裁定取引の機会がなくなるまで続くと考えられるので、このTシャツの日本での価格を $P_{¥}^{Ts}$（円）とし、アメリカでの価格を $P_{\$}^{Ts}$（ドル）とすれば、

$$P_{\$}^{Ts} = \frac{P_{¥}^{Ts}}{S_{¥/\$}} \tag{8.1}$$

となるはずである。この（8.1）式の成立を、**一物一価の法則**という。

　この法則が成り立つ背景は、もしも2つの市場で売買される同一の財の価格が市場によって異なるのであれば、安い市場で買って高い市場で売ることで利益を得られるという裁定取引の存在であり、仮定で述べたような①輸送費ゼロ、②貿易障壁ゼロ、③市場が競争的という条件の下で成り立つ。③の市場が競争的である必要があるのは、例えば生産者が特許などによって独占的な場合は、各国市場の競争状態に合わせ、競争が激しくないところでは高めに価格を設定し、また競争が激しいところでは低めに価格を設定することなどを行うためである。また規制によって価格がコントロールされている場合（薬品など）も、裁定取引が不可能あるいは非常に困難になり、一物一価が成り立つ必然性がなくなる。

　すると、ここから為替レートについての示唆が得られ、これは（8.1）式を変形した

$$S_{¥/\$} = \frac{P_{¥}^{Ts}}{P_{\$}^{Ts}} \tag{8.2}$$

であって、円とドルの為替レートがTシャツの日本での価格とアメリカでの価格の比になるということである。為替レートについての式ではあるが、右辺はTシャツ価格の日米比であることに注意しよう。

1.2　購買力平価

　この一物一価の法則が、すべての財・サービスで成り立つと仮定しよう。すでに第2章で見たように、物価とは財・サービス価格の何らかの平均としてのバスケット価格であり、日本とアメリカのバスケットが同じように構成されていれば、

$$S_{¥/\$} = \frac{P_J}{P_{US}} \tag{8.3}$$

となると考えられる。ここで、P_J（円）は日本の物価であり、P_{US}（ドル）はアメリカの物価である。この式を**購買力平価**という。購買力平価によれば、円とドルとの為替レートは日本とアメリカの物価比に等しくなるのである。もう少し丁寧に説明すれば、次のようになる。

　先に仮定したように、アメリカのバスケットと日本のバスケットに含まれる財・サービスはすべて同一としよう。このとき、日米のバスケットの価格の間にはどのような関係が成り立っているか、あるいは成り立つべきであろうか？　もしも輸送費がかからず、同時にいずれの財も買うことが可能であるならば、一物一価の法則を考えたときと同様に、裁定取引を通じて2つのバスケットの価格が同じ通貨単位（つまり円またはドル）で表示したときには同じ価格になるはずである。同じ通貨単位で表示するためには為替レートが必要であり、例えば円で表示すればバスケットの価格間には

$$P_J = S_{¥/\$} \times P_{US}$$

が成り立つ。この式の左辺は円表示の日本のバスケットの価格であり、右辺はドル表示のアメリカのバスケットの価格に為替レートを掛けているので、円で表示したアメリカのバスケットの価格となる。もちろん、ドル表示にすれば $P_J/S_{¥/\$} = P_{US}$ となり、左辺はドルで表示した日本のバスケットの価格、右辺はドルで表示したアメリカのバスケットの価格になる。

　さて、この式を変形すれば $S_{¥/\$} = P_J/P_{US}$ となる。すなわち、為替レートは、バスケットの価格比になる。これが購買力平価による為替レートの決

定である。

一物一価の法則と購買力平価

日本でのある財（T シャツ）価格を $P_{¥}^{Ts}$（円）とし、アメリカでの同じ財の価格を $P_{\$}^{Ts}$（ドル）とすると、**一物一価の法則**とは、

$$S_{¥/\$} = \frac{P_{¥}^{Ts}}{P_{\$}^{Ts}}$$

が成り立つことである。

一方、日本の物価を P_J（円）、アメリカの物価を P_{US}（ドル）としたときに、為替レートが

$$S_{¥/\$} = \frac{P_J}{P_{US}}$$

となるとき、**購買力平価**が成立する。

1.3　購買力とは何か

ここではなぜ（8.3）式が購買力平価という名前がついているのかを説明しよう。すでに第1章で学んだように、物価とは、財・サービスが含まれるバスケットの価格である。ここでアメリカのバスケットの価格を 100 ドル（P_{US} = 100 ドル）とし、日本のバスケットの価格を 8,000 円（P_J = 8,000 円）としよう。

すると当然、アメリカのバスケットを1単位買うためには 100 ドル（P_{US} = 100 ドル）が、日本のバスケットを1単位買うためには 8,000 円が必要となるのである。この時、アメリカでの1ドルの購買力とは、1ドルで何単位のアメリカのバスケットが買えるかである。答えは 1/100 = 0.01 個、つまり $1/P_{US}$ 個である。このことから、アメリカのバスケット価格（アメリカの物価）が上がれば1ドルの購買力が下がることになる。同様に、1円の購買力は $1/P_J$ 単位であり、日本の物価が上がれば1円の購買力は減少することになる。

では購買力平価式は何を表しているのであろうか？　表 8.1 にまとめてあ

表8.1 円とドルそれぞれの購買力

通貨	購入できる日本のバスケット	購入できるアメリカのバスケット	購入できる日米バスケット比
1円	$1/P_J$	$1/(S_{¥/\$}P_{US})$	$(S_{¥/\$}P_{US})/P_J$
1ドル	$S_{¥/\$}/P_J$	$1/P_{US}$	$(S_{¥/\$}P_{US})/P_J$

る通り、1円の日本のバスケットについての購買力は $1/P_J$（個）であり、1円が $1/S_{¥/\$}$ ドルに等しいことから、1円のアメリカのバスケットについての購買力とは $1/S_{¥/\$}$ ドルのアメリカのバスケットについての購買力である。するとこれは $1/S_{¥/\$}$ を P_{US} で割った $1/(S_{¥/\$}P_{US})$ 個である。購買力平価式（8.3）は $1/P_J=1/(S_{¥/\$}P_{US})$ という式と同一であるから、購買力平価式が表すところは、1円で買うことのできる日本のバスケットの個数と1円によって買うことのできるアメリカのバスケットの個数は等しい、**1円の購買力は日本のバスケットについても、アメリカのバスケットについても同じ**、ということである。このことから「購買力平価」の名前がついている。

2. 長期為替レート決定モデルと実質為替レート

2.1 マネタリーモデル

購買力平価が成り立つのであれば、あとはどのようにそれぞれの国の物価が決まるのかがわかれば為替レートの決定がわかる。第3章で見た、貨幣市場の均衡条件を使うことを考えると、各国の物価は

$$\frac{Ms}{P}=L(i, Y) \rightarrow P=\frac{Ms}{L(i, Y)} \tag{8.4}$$

と決まることがわかる。すなわち、名目貨幣供給量を実質貨幣需要で割ったものである。このようにして求められた物価を購買力平価に代入すれば

$$S_{¥/\$} = \frac{P_J}{P_{US}} = \frac{Ms_J}{Ms_{US}} \times \frac{L(i_\$, Y_{US})}{L(i_¥, Y_{JP})} \tag{8.5}$$

となり、為替レートは日本とアメリカでの相対的な貨幣需要と貨幣供給で決定する。このモデルによればマネーサプライのほか、金利と GDP も為替レートの決定因になる。

2.2　実質為替レートとは何か？

　以下の例を考えよう。アメリカに典型的な財があるとして、その価格が100 ドルであり、一方の日本にはこれまた典型的な財が存在してその価格が 12,000 円であるとすれば、アメリカの財を 1 単位買うために日本の財を何単位差し出す必要があるであろうか？　もちろん、この計算には名目為替レートが必要である。

　アメリカの財は 1 単位が 100 ドルであるので、名目為替レートである110 円を掛ければ 11,000 円必要ということになる。日本の財は 1 単位が12,000 円であるので、アメリカの財 1 単位を買うために日本の財 1 単位差し出す必要はない。11,000/12,000 = 0.917 単位というのが答えである。この0.917 を実質為替レートという。

　この値が上がると、アメリカの財 1 単位を買うために日本の財をより多く差し出さなければならなくなるため、相対的には日本財の価値が（アメリカの財に比べて）下がる。このように、実質為替レートは、金額ではなく個数あるいは量で示した、日本の財とアメリカの財との交換比率と考えることができる。

2.3　購買力平価と実質為替レート

　前節の例での典型的な財をバスケットとすると、実質為替レート Q は

$$Q = \frac{S_{¥/\$} P_{US}}{P_J}$$

と定義できる。実質為替レート Q の上昇は日本のバスケットの価値が相対的に下がることであるということを見たが、再度表 8.1 を使えば、これは 1

円で購入することができるアメリカのバスケットの個数 $1/S_{¥/\$}P_{US}$ が、1円で購入することのできる日本のバスケットの個数 $1/P_J$ に比べて減少したということである。このため Q の上昇は円の実質減価と言われることがある。1ドルではアメリカのバスケットが $1/P_{US}$ 個購入でき、日本のバスケットは $S_{¥/\$}/P_J$ 個購入できるので、実質為替レート Q の上昇は1ドルで購入することができる日本のバスケットの個数が、同じく1ドルで購入することができるアメリカのバスケットの個数に比べて増加するということでもある。

> 実質為替レート $\quad Q=\dfrac{S_{¥/\$}P_{US}}{P_J}$ の上昇： 円の実質減価、ドルの実質増価
>
> 実質為替レート $\quad Q=\dfrac{S_{¥/\$}P_{US}}{P_J}$ の下落： 円の実質増価、ドルの実質減価
>
> 実質為替レート $\quad Q=\dfrac{S_{¥/\$}P_{US}}{P_J}=1$ ： 購買力平価が成立

　購買力平価が成り立つということは $S_{¥/\$}P_{US}=P_J$ が成り立つということであるので、実質為替レート Q が1であるということである。逆をいうと、Q が1以外であるときには、購買力平価は成り立たない。

　自国のバスケットに比べて外国のバスケットの購入が困難になることを通貨の**実質的な減価**（real depreciation）と言う。Q の上昇は日米バスケット比を上昇させてしまうので円の実質的な減価と呼ばれ、同時にドルでは自国のバスケットに比べて外国のバスケットの購入が容易になるので**実質的な増価**（real appreciation）と呼ばれる。

　図8.1にあるように、実質為替レートはほぼ50年という全期間を通して見ればおおよそ安定しているため、購買力平価は長期に渡れば成り立っているということもできる。

　1971年に第12章で学ぶブレトンウッズ体制が事実上崩壊してから2021年までの為替レートと購買力平価のいう為替レートすなわち物価比を図8.2のようにプロットしてみると、大きなトレンドとして両者は似た動きをしていると言える。

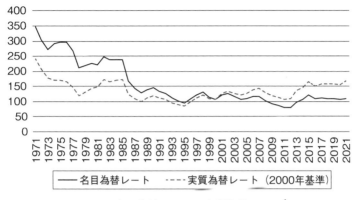

図 8.1　名目為替レートと実質為替レート[1]

Federal Reserve Bank of St. Louis, FRED より

図 8.2　円・ドルの名目為替レートと日米物価比[2]

Federal Reserve Bank of St. Louis, FRED より

---

[1] 実質為替レートは物価指数を使っているため、2000 年における実質為替レートで基準化
した上で、名目為替レートと同じ軸で表現できるように 2000 年における名目為替レート
を掛けている。

[2] 物価比は物価指数の比で求められ、日米で基準年が異なるため、2000 年における物価比
で基準化した上で、名目為替レートと同じ軸で表現できるように 2000 年における名目為
替レートを掛けている。

2.4 長期の実質為替レート決定理論

実質為替レートは2国間のバスケットの交換比率あるいは相対価格であることから、個別の財・サービス同様に需要と供給によって決まることになる。ただしここで重要になるのは、相対的な需要と相対的な供給である。消費者の嗜好の変化などにより日本のバスケットがアメリカのバスケットに比べて相対的に需要されるような変化があれば、円の実質増価が起きて実質為替レート Q が下落する。一方で、生産性の変化などによって日本のバスケットがアメリカのバスケットに比べて多く供給できるようなことになれば、円の実質減価が起きて実質為替レート Q が上昇する。

3. 購買力平価の実際

3.1 物価指数と購買力平価

1円で買うことのできるバスケットの量が日本でもアメリカでも同じであるはずだという購買力平価論が直観的に理解できるのは、一物一価の法則と、バスケットの中身が日米両国で同一である場合である。ところが、物価水準 P_J や P_{US} を求める際に使われるバスケットは国ごとに異なるのが通常である。これは元来、物価水準とは生活費が時間とともにどのように上昇あるいは下落しているかを測るものという考えから来ており、そのため、その国（あるいは地域）で多く消費されるものに大きなウェイトがおかれていることが通常である。例えばアメリカに比べ、日本のバスケットの方が鮮魚の占める割合が大きく、牛肉の占める割合は小さい。このため、仮に一物一価がすべての財・サービスについて成立していたとしても、物価水準を用いた購買力平価の検証は正しくできない可能性が非常に高い。また、物価指数にはサービスなど国際的に取引されないものが含まれている。貿易される財・サービスに一物一価の法則が成立する理由は裁定取引だが、貿易されない財・サービスについては裁定機会がないので一物一価が成立する必然性がない。

3.2　絶対的 PPP と相対的 PPP

　ここまでで見た購買力平価は絶対的 PPP と呼ばれる。その理由は、変化率で表現した相対的 PPP が存在するからである。前期との変化率で見ると、（数学準備を参照）

$$\frac{S_{¥/\$, t} - S_{¥/\$, t-1}}{S_{¥/\$, t-1}} = \pi_{J, t} - \pi_{US, t}$$

なので、為替レートの減価率は日米のインフレーション率の差となる。例えば日本のインフレーション率が 1% で、アメリカのインフレーション率が 4% の場合には、年間で円はドルに対して 3% 増価して円高になる。このことがデータで確認できれば、相対的 PPP が成り立っていると言える。しかし、アメリカのインフレーションのニュースが必ずしも直ちに円高には結びつかず、逆に円安になることも多い。これは PPP が比較的長期で成り立つものによることが大きい。短期では高いインフレーション率は中央銀行による金利引き上げが予想され、またすでに見たフィッシャー方程式からも名目金利が高くなる。このことは短期モデル（第 9 章参照）から、ドル資産の収益率を上昇させてドルの需要を増加させるのでしばしば円安・ドル高につながるのである。

　相対的 PPP を考慮する理由の 1 つは、相対的 PPP の方が絶対的 PPP よりもデータで確認しやすいからである。絶対 PPP を確認する場合には物価水準が必要であるが、実際に得られるデータは物価指数である。例えば 2022 年の物価を P_{2022} とすると、公表される物価指数 p_{2022} は、基準年を 2015 年とすると、

$$p_{2022} = \frac{P_{2022}}{P_{2015}} \times 100$$

となるので、絶対的 PPP を確認するために物価指数を用いると、

$$S_{¥/\$} = \frac{P_J}{P_{US}} = \frac{p_{J, 2022}}{p_{US, 2022}} = \frac{P_{J, 2022}/P_{J, 2015}}{P_{US, 2022}/P_{US, 2015}} = \frac{P_{J, 2022}}{P_{US, 2022}} \times \frac{P_{US, 2015}}{P_{J, 2015}}$$

となる。右辺最後の項があるので、直ちには確認できない[3]が、相対的
PPPではこの項は変化率を計算する際に消去されるのでこの問題がなくな
る。

　もう1つの問題は物価指数を計算するバスケットに含まれる財・サー
ビスとウェイトが国によって異なる点であるが、バスケットに含まれない
財・サービスも含め、おおよそ物価指数と同じ動きをしていると考えるこ
とによりバスケットの違いが相対的PPPの確認する際に与える影響はさほ
ど大きくないと言える。

3.3　ビッグマック指標

　マクドナルドのビッグマックは世界中で売られている商品である。もち
ろん、宗教的・文化的な理由により、内容に若干の違いがある場合もある
が、世界各国でほぼ同一の商品とみなしてよいであろう。重要なことは、
ビッグマックを単一の商品としてみるのではなく、その原材料や賃金、光
熱費などの生産コストまでを含めて、バスケットとして理解しうるという
ことである。

　ここで実質為替レートの定義が$S_{¥/\$}P_{US}/P_J$であったことを思い出そう。
アメリカのビッグマックの値段が現地通貨であるドルで表記して5ドルで
あるとしよう。一方で日本のビッグマックは400円であるとする。なお、
現行の為替レートは1ドル110円であるとしよう。この時、アメリカの
ビッグマックの価格を円で表せば550円である。一物一価の法則が成り立
つのであれば、このような価格差は出ないはずである。直観的に言えば、
もしも現行の為替レートが不変で、消費者が瞬時に日米を移動できるので
あれば、アメリカの消費者も日本の消費者も日本のビッグマックを買うは

---

[3] このため、通常は両辺に対数をとり、最小二乗法によって

$$\ln S_{¥/\$, t} = \beta_0 + \beta_1 (\ln P_{J, t} - \ln P_{US, t}) + \varepsilon_t$$

を推定し、仮説$\beta_0 = 0$, $\beta_1 = 1$を検定する。ここでε_tは誤差項と呼ばれる、平均が0で分散
が定数である観測不能な確率変数である。

ずである。そして裁定取引によって日本のビッグマック価格は上昇し、ア
メリカのそれは下落するはずである。しかし実際には瞬時に移動すること
はできないので、このような裁定が起きるかは不確かであるが、前述の通
り、ここではビッグマックは1つの財ではなく、財・サービスのバスケッ
トなのであるから、ビッグマック自体が裁定の対象になっていなくても問
題はない。そして、なぜ同じ価格になっていないのかを考えることはでき
る。1つの可能性は為替レートが正しく定まっていないためにビッグマッ
クの価格差が生じているというものである。すなわち、1ドルが110円で
はなく80円であれば価格差は生じない。逆の言い方をすれば、1ドル80
円が、一物一価を成り立たせる為替レートである。ここでは現実の為替
レート（110円）では一物一価を成り立たせる為替レート（80円）に比べ
て円がドルに対して過小評価されているということができる。このように
ビッグマックの価格から求められる為替レートの過大・過小評価率をビッ
グマック指標という。

　日本のビッグマックの価格を円でP_B、アメリカのビッグマックの価格をドル
でP_B^*とすれば$P_B = ¥400, P_B^* = \$5$である。為替レートは$S_{¥/\$} = 110$とすると、
ビッグマック平価（ビッグマックによる為替レート）は

$$S_{¥/\$}^B = \frac{P_B}{P_B^*} = \frac{¥400}{\$5} = ¥80/\$$$

となる。　一方で、為替市場での為替レート$S_{¥/\$} = 110$と比較することで、

$$\frac{S_{¥/\$}^B - S_{¥/\$}}{S_{¥/\$}} = \frac{80-110}{110} \times 100 = -27.3\%$$

となり、過小評価率は27.3%である[4]。

---

[4] 実質為替レートをアメリカから見た定義により

$$Q = \frac{S_{\$/¥}P_B}{P_B^*} = \frac{\$\left(\frac{1}{110}\right)/¥ \times ¥400}{\$5} = \frac{\$3.637}{\$5} = 0.727$$

3.4　購買力平価に基づく各国所得中央値の国際比較

　日米で家計所得の中央値を比較したいとしよう。まずは日米家計所得の中央値がそれぞれ、円とドルで表されていることに注意し、円とドルとの為替レートを使って比較する。日本の家計所得中央値を y_J（円）、アメリカの家計所得中央値を y_{US}（ドル）とすると、ドルで評価された日本の家計所得中央値（$y_J^\$$）は

$$y_J^\$ = \frac{y_J}{S_{¥/\$}}$$

であり、これをアメリカの家計所得中央値を y_{US}（ドル）と比較する。このときの問題は、2国間の物価の違いが考慮されないことである。例えば y_J を 500 万円とし、$S_{¥/\$}=150$ とすると、ドル評価の日本の家計所得の中央値は 33,333 ドルとなるが、これはアメリカでの家計所得としては低いほうであり（例えば 2023 年においてアメリカの多くの州では、5 人家族が貧困とされる基準が 35,140 ドルである）、その所得で買うことのできる財・サービスは非常に限られたものになる。ところが日本で 500 万円あれば、貧困とされるほどではなく、それはこの所得によってある程度の財・サービスが購入できるからである。

　次に購買力平価を成り立たせる為替レート、すなわち $S_{¥/\$}^{PPP}=P_J/P_{US}$ を使って計算しよう。すると、PPP ドルに基づく日本家計所得の中央値は

$$y_J^{PPP} = \frac{y_J}{S_{¥/\$}^{PPP}} = \frac{y_J}{P_J} \times P_{US}$$

この値は購買力平価（ビッグマック平価）が成り立つ場合（$Q=1$）に比べると 27.3% 低く、これは円が 27.3% 過小評価されている（$S_{\$/¥}$ が小さすぎ、$S_{¥/\$}$ が大きすぎる）からであると考える。簡単化すれば、過大評価率あるいは過小評価率は

$$\frac{S_{\$/¥}P_B}{P_B^*}-1 = \frac{S_{\$/¥}}{S_{\$/¥}^B}-1 = \frac{S_{¥/\$}^B}{S_{¥/\$}}-1 = \frac{S_{¥/\$}^B - S_{¥/\$}}{S_{¥/\$}}$$

に 100 をかけたもので計算でき、プラスであれば円のドルに対する過大評価、マイナスであれば過小評価とする。

と計算できる。これは、日本の家計所得の中央値で買うことのできる日本のバスケットの個数を、アメリカのバスケット価格（ドル）で評価したものである。これをアメリカの家計所得中央値を y_{US}（ドル）、つまりアメリカの家計所得の中央値で買うことができるアメリカのバスケット個数にアメリカのバスケット価格を掛けたものと比較することにより、2国間での物価の違いを考慮した所得中央値の比較が可能になる[5]。

練習問題

1. ICP データベース（https://databank.worldbank.org/source/icp-2017）を用い、Gross Domestic Product についての PPP による為替レート $S_{¥/\$}^{PPP}$（"Purchasing Power Parity（US\$=1）"）を選び、日米の GDP を比較しなさい。

2. ビッグマック指標（https://www.economist.com/big-mac-index）から、過去10年のビッグマック平価（円／ドル）を探し、名目為替レートとともに図示しなさい。

---

[5] ここで PPP による為替レート $S_{¥/\$}^{PPP}$ を計算するためには、世界銀行の International Comparison Program（ICP）のデータが必要になる。このデータベースは最近では 2011 年と 2017 年に更新されている。

第 9 章

為替レートの短期モデル

物価が容易に変化しない短期に為替レートがどのように決定され、どのような要因で変化するかを学ぶ。

1. 資産と通貨

1.1 資産選択としての通貨

名目為替レートは自国と外国の財・サービスバスケットの交換比率である実質為替レートに物価水準の比を掛けたものになるということは第 8 章で見た。購買力平価説に基づけば、実質為替レートは長期的に 1 になるはずであり、名目為替レートは自国と外国の物価水準の比になるはずである。ただし、長期的にも購買力平価が成り立つという保証はなく、また現実に物価水準を示す消費者物価指数などが計算される方法が国によって異なることから、仮に購買力平価が成立していたとしても消費者物価指数比などで示されるものが実際の為替レートであるとは限らない。また、すでに見たように物価水準は株価や債券価格などの資産価格に比べれば緩慢にしか動かず、これが時々刻々変化する為替レートと一致せず、大まかに見て方向性が同じという程度の示唆しか与えていないのが実際のところである。

では短期の為替レートはどのように説明できるのであろうか？　短期では金利が為替レート決定にとって非常に重要な役割を果たすことになる。まず

次のような例を考えよう。ある人が 100 円を 1 年間運用するとしよう。運用といっても、株や他の資産では運用せず、円預金かドル預金かを考慮しているとしよう。この人にとって円預金かドル預金かを決定する重要な要因は何かを考えれば、預金の収益率（リターン）である。ここで、円とドルの預金を考えているのは、どちらも為替変動を除けば、株のように収益率が突然変化しないという意味で比較的安全資産であり、なおかつ比較的容易に引き出すことができるという流動性を兼ね備えているからである [1]。

1.2　収益率の定義と計算

収益率は以下のように計算される

収益率の定義 1（配当がない場合）：t 時点で価格が Z_t 円の資産があり、この資産の価格が次期つまり $t+1$ 時点で Z_{t+1} 円になったとすれば、この資産の**純収益率** ρ は

$$\rho = \frac{Z_{t+1} - Z_t}{Z_t}$$

である。また、元本からなる部分を引かない、$Z_{t+1}/Z_t = 1 + \rho$ を**粗収益率**と呼ぶ。なお、収益率は 100 倍してパーセントで表示されることが多い。

例：昨年 5,000 万円で買ったマンションが今年 6,000 万円になった。このマンションの収益率は

$$\frac{6{,}000万円 - 5{,}000万円}{5{,}000万円} \times 100（\%）= 20\%$$

であり、粗収益率は

$$\frac{6{,}000万円}{5{,}000万円} \times 100（\%）= 120\%$$

である。

---

[1] この投資家が日本の株とアメリカの株を比較するという状況は、それぞれの株のリスクが異なるために単純化できない。

収益率の定義2 （配当がある場合）：株のように、価格が変動するだけでなく配当がつく資産の**純収益率**は、$t+1$時点で支払われる配当をd_{t+1}として、

$$\frac{Z_{t+1}-Z_t+d_{t+1}}{Z_t}$$

である。

例：去年10,000円で買った株が今年10,100円になり、配当を200円受け取った。この株の収益率は

$$\frac{10,100-10,000+200}{10,000}\times100(\%)=3\%$$

であり、粗収益率は

$$\frac{10,100+200}{10,000}\times100(\%)=103\%$$

となる。

では円預金とドル預金の収益率をそれぞれ計算することにしよう。

円預金の金利、ドル預金の金利、現在の為替レート、そして将来の為替レートである。

まず、ここで円預金の金利を$i_¥$としよう。例えば金利が2%だとすれば$i_¥=0.02$である。すると、100円を円預金した場合の1年後の金額は$(1+i_¥)\times100$円である。はじめに100円を預金したので、粗収益率は

$$\frac{(1+i_¥)\times100}{100}=(1+i_¥)$$

である。

一方、ドル預金する場合にはまず手持ちの100円をドルに替えなければならない。現在の為替レートを$S_{¥/\$}$とする。これは円で表示した1ドルの価格で、1ドル＝140円であれば$S_{¥/\$}=140$となる。この表記法を使えば、現在の100円は$100/S_{¥/\$}$ドルとなる。ここでドル預金の金利を$i_\$$としよう。

両替したドルを 1 年間預金しておけば、現在の 100 円は 1 年後に元利合計で $(1+i_\$)\times 100/S_{¥/\$}$ ドルとなる。1 年後のドルと初期の 100 円とをそのまま比較したのでは収益率を計算できないので、1 年後のドル預金の残高を円で評価すれば、1 年後の為替レートを $S^1_{¥/\$}$ として、$(1+i_\$)\times 100/S_{¥/\$}\times S^1_{¥/\$}$ 円となる。はじめに用いたのは 100 円なので、粗収益率は

$$\frac{(1+i_\$)\times\dfrac{100}{S_{¥/\$}}\times S^1_{¥/\$}}{100}=(1+i_\$)\frac{S^1_{¥/\$}}{S_{¥/\$}}$$

ここでは粗収益率を比較しているので、元本が 100 円であっても、1 円であっても、重要なことは以下の大小関係である。

$$(1+i_¥)\lesseqgtr(1+i_\$)\frac{S^1_{¥/\$}}{S_{¥/\$}}$$

2. 外国為替市場の均衡

2.1　均衡条件としての金利平価条件

誰もが現在のポートフォリオ（手持ちの資産配分）に満足し、変更しようとしない状況を均衡という。つまり、

$$(1+i_¥)=(1+i_\$)\frac{S^1_{¥/\$}}{S_{¥/\$}} \tag{9.1}$$

である。この式を多少変更すると

$$\frac{(1+i_¥)}{(1+i_\$)}=\frac{S^1_{¥/\$}}{S_{¥/\$}}$$

となり、これを近似すると

$$i_¥-i_\$=\frac{S^1_{¥/\$}-S_{¥/\$}}{S_{¥/\$}} \tag{9.2}$$

となる[2]。

---

[2] 1 円をドル預金したときの純収益率は

（9.1）あるいは（9.2）は**金利平価式**または**金利平価条件**（interest parity condition）と呼ばれる。

なお、どちらの通貨による預金を持つかを選択する現在の時点では、1年後の為替レート $S_{¥/\$}^1$ は確実にはわからないので、投資家は何らかの予想によってドル預金の粗収益率を計算することになる。このため、以下では $S_{¥/\$}^1$ を現時点における1年後の為替レートの予想値と解釈することにする。

2.2 均衡為替レートの決定

短期に為替レートがどのように決定されるかについて、粗利益率についての厳密な金利平価式（9.1）を使ってみてみよう。図9.1にあるように、まずは縦軸に粗収益率を取り、横軸に為替レート $S_{¥/\$}$ を取ろう。すると、上方に行くほど粗収益率は高く、右に行くほど円がドルに対して安く（例

$$\frac{(1+i_\$)\times\dfrac{1}{S_{¥/\$}}\times S_{¥/\$}^1-1}{1}=(1+i_\$)\frac{S_{¥/\$}^1}{S_{¥/\$}}-1$$

である。この式の右辺を書き換えて

$$(1+i_\$)\frac{S_{¥/\$}^1}{S_{¥/\$}}-1=(1+i_\$)\frac{S_{¥/\$}^1}{S_{¥/\$}}-\frac{S_{¥/\$}}{S_{¥/\$}}=\frac{S_{¥/\$}^1+i_\$ S_{¥/\$}^1-S_{¥/\$}}{S_{¥/\$}}$$

となり、この分子に $i_\$ S_{¥/\$}$ を足して同じものを引けば

$$\frac{S_{¥/\$}^1+i_\$ S_{¥/\$}^1-S_{¥/\$}+i_\$ S_{¥/\$}-i_\$ S_{¥/\$}}{S_{¥/\$}}=\frac{S_{¥/\$}^1-S_{¥/\$}}{S_{¥/\$}}+i_\$\frac{S_{¥/\$}^1-S_{¥/\$}}{S_{¥/\$}}+i_\$$$

であるが、ここで右辺第1項は為替レート（円）の減価率と言われる。これは例えば3%であれば0.03になり、右辺第2項はそのような減価率と金利（2%であれば0.02）を掛けたものであり、非常に小さいと考えられる。そのため、収益率のためにはこの第2項は無視してよく、結果としてドル預金を選んだ際の収益率は

$$\frac{S_{¥/\$}^1-S_{¥/\$}}{S_{¥/\$}}+i_\$$$

と考えられる。円預金の純収益率は $i_¥$ なので金利平価条件は

$$i_¥=\frac{S_{¥/\$}^1-S_{¥/\$}}{S_{¥/\$}}+i_\$$$

である。

えば1ドル＝150円から1ドル＝200円に）なる。金利平価式の左辺、すなわち円預金の粗利益率は為替レート $S_{¥/\$}$ に依存せず $(1+i_¥)$ であるので、横軸に平行な直線となる。一方の右辺、ドル預金の粗利益率については1年後の予想為替レート $S^1_{¥/\$}$ を一定と仮定しよう。すると、右辺の $S^1_{¥/\$}/S_{¥/\$}$ は $S_{¥/\$}$ に関して双曲線の一部のような右下がりの曲線であり、右辺はこれに $(1+i_\$)$ が掛け合わされたものである。右下がりになっている理由を粗収益率で説明すると、今日 $S_{¥/\$}$ が高くなれば、すなわち1ドルが150円から200円になれば、円で買うことのできるドルの量が少なくなるため、ある水準で一定と仮定している1年後の予想為替レート $S^1_{¥/\$}$ の下では、1年後に円で受り取ることのできる額が少なくなるためである。このため $S_{¥/\$}$ が高くなるほど粗収益率は低くなるのである。

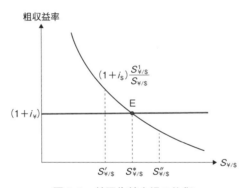

図9.1　外国為替市場の均衡

　縦軸で粗収益率を測っているので、横軸と並行な直線の高さは円預金の粗収益率であり、右下がりの曲線の高さはドル預金の粗収益率である。例えば為替レートが $S'_{¥/\$}$ であればドル預金の収益率が円預金の収益率を上回る。このときには円を売ってドルを買ってドル預金を選択する方が高い収益が得られるので、ドルが買われ、円安・ドル高になる。これは $S_{¥/\$}$ が高くなることであるから、為替レート $S_{¥/\$}$ は $S'_{¥/\$}$ より右に動いていくことになる。逆に、為替レート $S_{¥/\$}$ が $S''_{¥/\$}$ であれば、直線と曲線の高さを比較し

て、円預金の粗収益率の方がドル預金の粗収益率よりも高いため、ドルを売って円を買うことになる。すると、為替市場では円高・ドル安の方向に動き、為替レート $S_{¥/\$}$ が $S''_{¥/\$}$ より左に動くことになる。このような動きは為替レート $S_{¥/\$}$ が $S^*_{¥/\$}$ となったときに止まる。円預金とドル預金の粗収益率が等しいので、円とドルのいずれの通貨でも、これ以上為替両替をする必要がないからである。この為替レート $S^*_{¥/\$}$ を均衡為替レートといい、交点 E を為替市場の均衡点という。

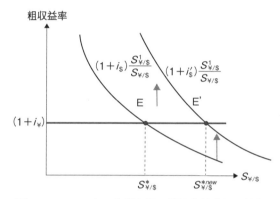

図9.2 アメリカの金利上昇と外国為替市場の均衡

2.3 均衡為替レートの変化

金利平価条件から求められる均衡為替レートは、条件式（9.1）に現れる変数が変わることによって変化する。

① 金利の変化と為替レート a：アメリカ金利 $i_\$$ の上昇

連邦準備制度理事会の決定によりアメリカの金利 $i_\$$ が引き上げられ、$i'_\$$ となった場合、右下がりで表される、ドル預金の粗収益率のグラフが図9.2で示されるように上方にシフトすることになる。その結果、均衡が E から E' に移り、これに伴って均衡為替レートも $S^*_{¥/\$}$ から $S^{*new}_{¥/\$}$ へと上昇することになる。これは円安・ドル高になることを意味する。このことは、アメリカの金利が高まり、円預金に比べてドル預金の粗収益率が上昇することから、ドルの需要が増加するために円が売られてドルが買われるためにド

ルの円に対する価値が上がることによる。

② 金利の変化と為替レート　b：日本の金利$i_¥$の上昇

日銀の金融引き締めなどによって日本の金利$i_¥$が上昇した場合には、水平な直線で示される円預金の粗収益率が上昇することになる。このため、円預金がドル預金に比べて魅力的になるため、ドルを売って円を買おうとする動きが出てくる。この結果として均衡は図9.3ではE'に移り、均衡為替レートは下落すなわち円高・ドル安に動いて$S_{¥/\$}^{*new}$となる。

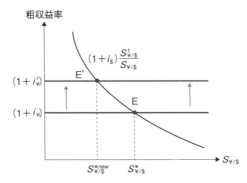

図9.3　日本の金利上昇と外国為替市場の均衡

③ 1年後予想為替レート$S_{¥/\$}^{1}$の変化と現在の為替レート$S_{¥/\$}$

先に述べたように、このモデルでは、将来の為替レートについて確実なことはわからないので、投資家は1年後の為替レートを予想することでドル預金の粗収益率を計算して、現在時点でどの通貨を持つかを決定するという構造になっている。では、何らかの理由により、予想将来為替レート$S_{¥/\$}^{1}$が上昇したら、現在の為替レート$S_{¥/\$}$にはどのような変化が起きるであろうか？ つまり、1年後に円安・ドル高になることが突如予想されるとしたら、現在の為替レートに何らかの変化があるであろうか？

図9.4が示すように、1年後予想為替レート$S_{¥/\$}^{1}$が$S_{¥/\$}^{A}$に上昇すると、右下がり曲線で示されたドル預金の粗収益率は上方にシフトする。すると、現在の為替レートも上昇し、$S_{¥/\$}^{*new}$となって円安・ドル高になる。興

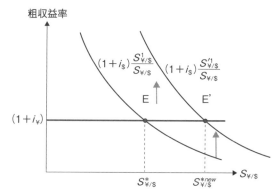

図9.4 1年後予想為替レートの上昇と外国為替市場の均衡

味深いことに、将来的に円安が予想されると、円安が現在起きることになるのである。このことを直観的に考えれば、将来円が安くなってドルが高くなるのであれば、ドル預金を持つことによって1年後には多くの円が手に入るわけである。そのため、ドル預金が円預金に比べて魅力的になるので、現在においてもドルを買っておいた方がよく、円安・ドル高が現在時点で起こるのである。

　一般的に、将来その価値が下がることが予想されている資産を現在時点で積極的に持とうとする投資家はいないのである。例えば、将来的に価値が下がることがわかっている不動産やマンションを購入する投資家はいない。同様に、円の価値がドルに対して将来下落するのであれば、現在時点で積極的に円を持とうとする投資家もいないはずであり、これによって現在時点で円安・ドル高が起きる。

3. 外国為替市場と貨幣市場

3.1 金利と為替レートの決定

　第3章で学んだ貨幣市場では、貨幣需要と貨幣供給によって金利が決定した。この章でこれまでに見た外国為替市場のモデルでは、金利が為替レートの決定に重要な役割を果たしている。すると、貨幣需要と貨幣供給

が為替レートに影響を与えるはずであり、それをここで検討する。このために第3章の図を若干変更し、縦軸を$i_¥$の代わりに$1+i_¥$としよう。すると、図9.5に見るように、貨幣需要と貨幣供給によって決定される金利によって為替レートが決定されることがわかる。すなわち、貨幣需要と貨幣供給の変化は為替レートに変化を与えるのである。図9.6には貨幣供給が増加した場合が示されている。第3章で学んだように貨幣供給の増加により、日本の金利が下落する（左図）。これは日本円の収益率を下げることで日本円の魅力を下げることになり、外国為替市場では円がドルに対して安くなる（$S_{¥/\$}$の上昇、右図）。

　また、所得の上昇などによる貨幣需要の増加は、貨幣需要曲線を右にシフトさせて円の均衡金利を上昇させる。すると日本円の収益率が上昇する

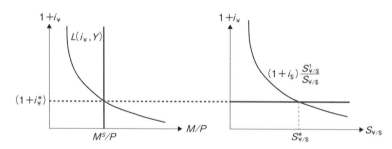

図9.5　日本の貨幣市場（左）と外国為替市場（右）の関係

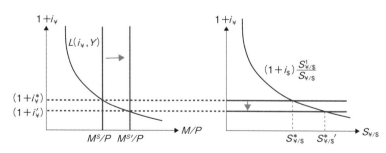

図9.6　貨幣供給の増加と為替レートの減価

ため、円が買われて円高になる（$S_{¥/\$}$の下落）。

3.2 短期の物価と為替レートのオーバーシュート

物価は短期にはまったく動かないか、緩慢にしか動かない。もしも短期で物価が不変だとすると、中央銀行による名目貨幣供給量 Ms の増加は実質貨幣供給量 Ms/P の増加を意味する。しかしながら、第5章および第7章で学んだように長期では貨幣供給の増加は物価の上昇となる[3]。すると長期では実質供給量は変化しないために名目貨幣供給を増加させる政策は金利に影響を与えない。一方で、第8章で学んだとおり、長期的には物価上昇が起きるために為替レートの減価が起きるはずである。それは予想将来為替レートを$S_{¥/\$}^1$上昇させることを通じて、金利平価式（9.1）に従って現在の為替レートを上昇させる。

しかし、図9.7に見るように、M から M' への名目貨幣供給の増加が時間 t に起きた後でも物価はPからP'へとゆっくりとしか上昇しないために、短期にはM/PからM'/Pへ大きく増加する実質貨幣供給量が、長期には元の水準（$M'/P'=M/P$）に戻るまでゆっくりと減少する。

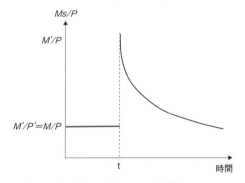

図9.7　名目貨幣供給の増加による実質貨幣供給量の変化

---

[3] 長期国民所得が経済に存在する資本量、労働力、技術のみに依存して決まることと、金利が資本の限界生産力によって決まることを貨幣市場の均衡式（8.4）式と合わせて考えると、名目貨幣供給の k% の増加は長期には物価の k% の増加をもたらす。

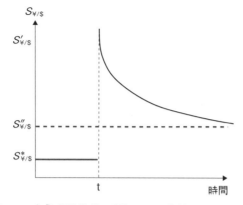

図 9.8　名目貨幣供給の増加による為替レートの変化

　すると、図9.8で為替レートは$S_{¥/\$}^{1}$の増加および実質貨幣供給量の増加により、時間 t に$S_{¥/\$}^{*}$から$S_{¥/\$}'$へと大きく上昇した後に長期均衡に対応する為替レートである$S_{¥/\$}''$へとゆっくりと下落する。このように長期的な為替レートの減価を上回る短期的為替レートの減価が起こることを為替レートのオーバーシュートといい、これによって短期的な為替レートの変動の大きさが説明される。

練習問題

1. 日本の金利が1%、アメリカの金利が4%、将来の予想為替レートが1ドルあたり147円であるとする。金利平価による現在の為替レートを求めよ。

2. 金利平価条件の対数を取り、

$$\ln(1+i_{¥}) = \ln(1+i_{\$})\frac{S_{¥/\$}^{1}}{S_{¥/\$}} = \ln(1+i_{\$}) + \ln\frac{S_{¥/\$}^{1}}{S_{¥/\$}}$$

としよう。両辺それぞれの項をテイラー展開して左辺は$i_{¥}=0$の近傍で展開して$i_{¥}$となる。右辺も同様に$i_{\$}=0$、$S_{¥/\$}^{1}=S_{¥/\$}$の近傍でテイラー展開して近似式を得なさい。

第 **10** 章
国際収支と国民経済計算

　海外との経済取引の記録である国際収支統計に表れる経常収支、貿易収支などと、GDP や GNP、消費などといった国民経済計算に使われる統計との関係を明らかにし、経常収支赤字・黒字が持つ意味を学ぶとともに、データを用いてそれらの統計の時間的変化の背景を考察する。

1. 国際収支について

1.1　経常収支：貿易収支・サービス収支・所得収支

　国際収支統計は経常収支、金融収支、資本移転等収支の3種類から成り立つ。ここではまず経常収支を見る。経常収支には、貿易収支、サービス収支、所得収支といったものが含まれる。これらについて学ぶために、まずこれまで通り、Y を GDP、C を消費、I を投資、G を政府投資、EX を輸出、IM を輸入としよう。すると、GDP については

$$Y = C + I + G + EX - IM$$

が成り立つが、ここで純輸出を貿易・サービス収支と呼ぶ。財のみの収支を貿易収支、サービスのみの収支をサービス収支と分けて発表されているが、$EX-IM$ とした場合には財・サービスの区別はなく、貿易・サービス収支となる。

　第1次所得収支とは、国外に投資したことによって発生した配当、利子

の受け取りおよび国外での労働から発生した賃金の受け取りなどに関するものである。なお、株価の値上がりによって得た利益などの資本利得は除かれる。配当、利子、賃金の受け取りは、日本にある資本やサービス、すなわち生産要素を国外に供与したことによる対価とみなすことができ、資本・労働サービスの輸出にともなう要素所得の支払いを受けたとも考えられる[1]。日本が国外から受け取った配当、利子、賃金から、日本が国外に支払ったそれらを差し引いて第 1 次所得収支を計算し、純要素所得（NFP, Net Factor Payments）とも呼ばれる。

　第 2 次所得収支は経済活動としての何らかの対価ではない、一方的なトランスファー（移転）によるお金の移動に関するものであり、寄付が含まれる。そのほか、海外に住む退職者への年金給付などのトランスファーが含まれる。

　国民総生産（GNP）とは、日本の居住者の資本・労働などの生産要素を用いて生産された財・サービスの市場価値であるので、日本にある資本・労働などの生産要素を用いて生産された財・サービスの市場価値である国内総生産（GDP）とは以下の点で異なる。

　・日本の資本で作られた国外工場での生産物は日本の GNP の一部にはなるが、日本の GDP には含まれない。
　・日本の居住者が国外での労働の対価として賃金が支払われた場合、日本の GNP に含まれるが、日本の GDP には含まれない。

　つまり、GDP と GNP の差は純要素所得である。すると、GNP については

$$GNP = Y + NFP = C + I + G + CA \tag{10.1}$$

である。ここでの *CA* は第 2 次所得収支を除いた経常収支であり、*CA* =

---

[1] ここでサービス収支に含まれるサービス輸出からの対価と労働サービスの対価である第 1 次所得収支での賃金がどう異なるかという疑問が生じるが、この違いは雇用関係がある（社員）のかフリーランス契約（下請けを含む）なのかによって区別されている。

$EX-IM+NFP$ と書くことができることから、経常収支は貿易・サービス収支に純要素所得を足したものとなることがわかる。なお、第2次所得収支の額は、この章で見るように相対的に少ないことからこれを無視することとし、よって GNP を国民所得と考えることにしよう。

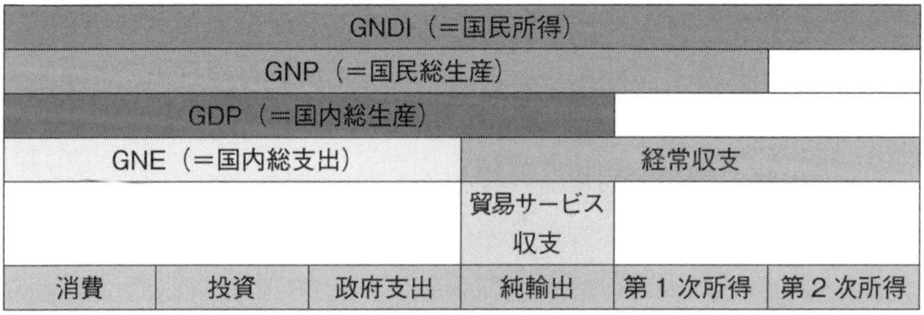

GNDI（＝国民所得）					
GNP（＝国民総生産）					
GDP（＝国内総生産）					
GNE（＝国内総支出）			経常収支		
			貿易サービス収支		
消費	投資	政府支出	純輸出	第1次所得	第2次所得

図 10.1　国民経済計算と国際収支統計の概念

1.2　経常赤字の解釈1：（財・サービス・資本労働サービスの）輸入が輸出を上回り、外国からの借り入れの増加（対外純資産の減少）

ここで、国民経済計算に現れる統計から、経常赤字が意味するものを考えてみよう。経常収支が赤字になるということは、輸入が輸出を上回るということである。このことは同時に、外国に借金をしていることを意味する。（10.1）式から、経常収支については

$$CA = Y + NFP - C - I - G$$

となり、経常収支が負であれば、これは年間の国民所得（$Y+NFP$）から年間の国内支出（$C+I+G$）を引いたものがマイナスであるので、このマイナスは何らかの方法で借りてきたと考えられる。通常の家計であれば、これまでに貯めてきた資産の切り崩しか、家計外からの借金によって超過支出が支払われるはずである。先に述べたように、国内経済全体で考えた場合には株式（国内に存在する資本）以外の金融資産は経済主体間の貸し借りであり、その総和である正味資産残高は対外純資産になる。資本を売却する場合にはどうであろうか？　その場合、国外居住者による国内資

産の取得となり、対外純資産が減少することになる。このようにしてみると、これまでに貯めてきた資産の切り崩しとは正味資産残高（対外純資産残高）の切り崩しであり、これは海外からの借り入れが増えたことと結果としては同一である。

　わかりやすい例として、政府部門を省略した上で農家を考えよう。生産したものを、消費するか来年以降の生産のために投資として貯蔵するか、あるいは他の農家と交換を行うかを選択する。生産が 100 であり、来年のための投資に 15 を確保するとしよう。80 消費するつもりで 5 を交換に出し、諸般の理由で 20 を交換として受け取ったとしよう。この 20 は結局消費に回るので事後的には消費が 100、投資が 15、経常収支が－15 となり、(10.1) 式は $NFP = G = 0$ なので

$$100 = 100 + 15 - 15$$

となって両辺が等しくなる。

　ここで問題は、どのようにすることで経常収支の－15 が可能であったかという点である。たとえば 5 万円を受け取って 20 万円を交換に差し出すという行為は、それだけでは通常考えにくい。これは、相手が将来にこの借りを返すという条件での貸し付けを行った結果と解釈できる[2]。

1.3　経常赤字の解釈 2：貯蓄が投資を下回る

　経常収支赤字は、フローである貯蓄が国民所得から消費と政府支出を除いたものとして $S = Y + NFP - C - G$ で定義されることから[2]、$CA = S - I$ となり、貯蓄から投資を除いたものが経常収支になる。ここでの投資は、国内にある資本が増えることであり、資本が外国居住者の所有であることも、国内居住者の所有である場合もある。国家的な巨大なプロジェクトを推進したいが、国内に十分な貯蓄がない場合（$S - I < 0$）には外国からの借

---

[2] ここでは第 2 章で国内市場を考えた場合と異なり、国民所得が Y ではなく $Y + NFP$ で定義されるために $S = Y - C - G$ ではなく $S = Y + NFP - C - G$ となる。民間貯蓄、政府貯蓄をそれぞれ再定義し、国民貯蓄が $S = Y + NFP - C - G$ となるべきことが示せる。

り入れ（$CA<0$）に頼るほかはない。例えば、日本では1964年開業の東海道新幹線の建設にあたり、世界銀行からの融資を受けた。逆に、国内の貯蓄に比して国内の投資が少ない場合（$S-I>0$）には、残りの貯蓄は外国へ流れる（$CA>0$）。外国でこの資金が投資に回るか、債券などの購入に回るかについては、この式は何も表していない。

1.4 経常収支赤字のまとめ

以上の議論をまとめると、経常収支赤字＝輸入が輸出を上回る＝対外純資産減少＝海外からの借り入れ＝貯蓄が投資を下回る、ということになる。

1.5 金融収支・資本移転等収支

財・サービス、生産要素サービスの輸出入が経常収支に含まれることはすでに見た。現実にはこのほかにも外国から金融資産や鉱山採掘権の売買などの取引も存在し、また政府の援助として借款の減免などの取引も行われる。これらの国際取引はどのように記録されるのであろうか？

まず金融資産の取引は金融収支（Financial Account）に計上される。前述の通り、経常収支の黒字は対外純資産の増加を意味し、外国の債務を買っていることになる。同様に経常収支赤字国であるアメリカは、同時に債務であるアメリカ国債をはじめ、様々な金融債券を外国に買ってもらっているのである。金融収支には日本居住者による海外金融資産（外国の国債や外国企業の株式など）の購入をプラス、それらの売却をマイナスで記録する。また、海外居住者による日本の金融資産（日本の国債や日本企業の株式など）の購入はマイナス、それらの売却をプラスで記録する。

これに対し、資本移転等収支（Capital Account）は債務減免などの資本移転取引に関するものと、鉱山採掘権などの非生産非金融資産（それ自体は生産されたものでも金融資産でもないが生産活動に使われる）の取引に関するものである[3]。債務減免など資本移転を受けるとプラス、また海外への資本移転をする場合にはマイナスで記録する。外国からの非生産非金

融資産の購入はマイナス、その売却はプラス、外国居住者による日本の非生産非金融資産の購入はプラス、その売却はマイナスと記録される。資本移転、非生産非金融資産ともに、取引で支払い（あるいは外国への資本移転）が発生するものはマイナスと扱い、受け取り（あるいは外国からの資本移転）が発生するものはプラスとなる。

外国との取引で、財、サービス、非生産非金融資産の売買が差し引きマイナス（すなわち日本の購入額が外国の購入額を上回る）であれば金融資産（国債、社債、そのたの債券）を売っていることになる。すると、

経常収支＋資本移転等収支＝金融収支

表 10.1　日本の国際収支統計（2022 年）

2022 年　国際収支統計（億円）	
貿易・サービス収支	−211,638
貿易収支	−157,436
輸出	987,688
輸入	1,145,124
サービス収支	−54,202
第一次所得収支	351,857
第二次所得収支	−24,753
経常収支	**115,466**
資本移転等収支	−1,144
直接投資	169,582
証券投資	−192,565
金融派生商品	51,362
その他投資	107,114
外貨準備	−70,571
金融収支	**64,922**
誤差脱漏	−49,400

財務省　国際収支状況より

でなければならない。ここで表 10.1 に示される 2022 年の日本の国際収支統計によれば、経常収支が 11 兆 5,466 億円の黒字、資本移転等収支が 1,144 億円の赤字であり、合計が 11 兆 4,322 億円の黒字である。これは日本が外国に貸している額であり、債券など金融資産を買うことによって貸している。そのため、金融収支が 11 兆 4,322 億円の黒字になるはずであるが、統

3　登録商標やフランチャイズ権の売買も非生産非金融資産の取引として資本移転等収支に含まれるが、特許権の売買などは知的所有権に関するサービス取引とみなして経常収支に含まれる。ただし登録商標やフランチャイズ権の使用料支払いはサービス取引になり、経常収支である。詳細はアメリカ商務省経済分析局（Bureau of Economic Analysis）,"U.S. International Economic Accounts: Concepts and Methods"113 ページの図を参照。
https://www.bea.gov/system/files/2023-06/iea-concepts-methods-2023.pdf

計上の不突合や誤差脱漏によって一致せず、実際の金融収支は6兆4,922億円の黒字となり、その差4兆9,400億円が誤差脱漏として（符号を反対にして）記録されている[4]。

2. 経常収支をめぐる議論

2.1 経常収支の決定因

何が経常収支を決定するのであろうか？ あるいは財・サービス・生産要素サービスの輸出入はそのときの経済状態によって半ばランダムに決まるのであろうか？ ここでは貯蓄と投資の差が経常収支であると考え、それらの決定因を考えることで経常収支の変動をモデルにすることができる。このようなアプローチを異時点間アプローチという。

異時点間アプローチという名前は経済主体である家計と企業が貯蓄や投資の量を決めるにあたり、現在および将来という異時点間での最適化を考えることによる。

家計は今期と将来の消費を決めることにより、今期に消費しない所得を貯蓄として残す。別の言い方をすれば、最適化の結果として貯蓄が決まるのである。投資の決定についても利潤が最大になるように資本を異時点間で配分する。

・貯蓄

$$S = Y + NFP - C - G \tag{10.2}$$

であるので、生産性の上昇などで今期の生産が上がる場合には貯蓄は増加するが、消費や政府支出が増加すれば貯蓄は減少する。

---

[4] つまり、

経常収支 + 資本移転等収支 + 誤差脱漏 = 金融収支

となるように誤差脱漏が計算される。

・投資

生産性（MPK）の上昇は投資を増加させる。

このように考えると、消費や政府支出の上昇は経常収支を減少させる一方、生産性の上昇は貯蓄を増加させるとともに投資も増加させるので、経常収支への影響はからなずしも明らかではない。

2.2　双子の赤字（Twin Deficits）とリカードの等価定理

政府貯蓄と民間貯蓄はそれぞれ、

$$Sg = T - G$$

$$Sp = Y + NFP - T - C$$

と表すことができる。すると、これらとともに（10.2）式を用いて

$$Sg = CA + I - Sp$$

となる。すると、アメリカでしばしば問題となるような財政赤字（$Sg < 0$）と経常赤字（$CA < 0$）が密接な関係を持っているように見える。これは、財政赤字を続けると経常赤字を招く、ということなのであろうか？

この疑問に答えるためには、投資（I）と民間貯蓄（Sp）がどのように決まるかを考えなくてはならない。次のような政策を考えよう。政府が一時的に減税を行い T を減少させる一方で、政府支出 G を不変に保つとしよう[5]。このとき、政府貯蓄である $Sg = T - G$ は減少し、財政赤字が進む。政府がこの減税による減収を将来どのようにして賄うかを考えると、政府は将来増税をせざるを得なくなる。これを知っている民間主体は、減税によって喜び勇んで消費を増やすのではなく、将来の増税に備えて貯蓄を増やすことを選ぶと考えられる。なぜなら、民間特に家計にとって重要なことは、現在と将来で消費をさほど変化させないことと考えられるからであ

---

[5] 金利も現在、将来ともに不変と考える。

る。この部分は個人の好みによるが、断食と食べ放題を日常的に繰り返す生活の方が同じ量の夕食を毎日とる生活よりも望ましいと考える家計は極めて少数派であろう。大多数の家計は貯蓄を増やすために Sp が上昇する。最も簡単なケースでは T の減少分だけ Sp が上昇するので経常収支に与える変化はなくなる。これをリカードの等価定理というが、この定理が正しいとすると、一時的な減税による需要喚起は一時的であっても起こらないのである[6]。

　では、継続的な財政赤字が経常収支に与える影響は必ずしも明らかではないので、特に問題はないのであろうか？　また、経常赤字は問題なのであろうか？

2.3　経常収支赤字は問題であるのか？

　経常収支赤字が問題であるか否かは、経常収支赤字が借金の増加を意味することから、煎じ詰めれば借金は良いか悪いかという問題になる。学費がすぐには払えないので貸与奨学金やローンを利用する、企業が投資のために銀行から融資を受ける、というのは通常よくあることである。これらは現在利子を支払ったとしても将来の収益が上回るために行うことである。もちろん、いわゆる「悪い借金」というものも存在する。すなわち、所得を上回る飲食などの消費や、不要な買い物などはそれにあたるであろう。将来までを通時的に考えたときに合理的な選択か否かが「良い借金」と「悪い借金」の差であると考えられる。

　そのように考えたとき、経常収支赤字の問題を論じるのであれば、今後の経済成長のために必要となる投資を行っている結果として経常収支が赤字となる場合と、単に経済の好景気などから国内消費が増えてしまい借金をする結果となっている場合とを分けて考えなければならない。

　アメリカでの経常収支赤字の問題が顕著となって久しいが、この問題の

---

[6] この定理では税金は一括税とされている。もし消費税や労働賃金への課税が考慮されると、この定理が成り立たない場合がある。

根本が過剰消費（$CA = Y + NFP - C - I - G < 0$）にあるとする見方がある一方で、アメリカの債務である国債や社債等の金融資産を、他国が積極的に買っているという指摘がある。確かにアメリカ国債は安全資産であり、また天然資源などはドルで決済されることが多いので、安全なドル建て資産を持っておくことは多くの企業や金融機関にとって望ましいのである。すると、このようなアメリカへの資本流入は、アメリカが国外の金融資産を同じように買わない限り、経常収支赤字となる。つまり、過剰消費によるものと見えるものが、実は外国からアメリカへの資金流入およびアメリカ国内での貯蓄を大幅に上回る投資による（$CA = S - I < 0$）ものだという見方である。

　また、アメリカの経常収支で興味深いのは、経常赤字が続き、対外純負債を抱えている国であるにもかかわらず、純要素所得は受取が支払いを上回っている点である。これはアメリカが国外から低金利で借りる一方、

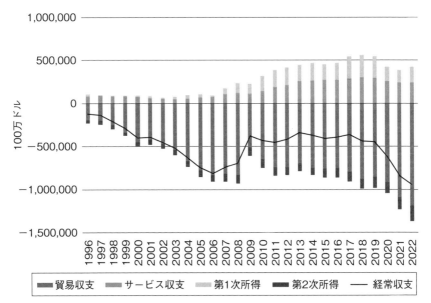

図10.2　アメリカの経常収支とその内訳

US Bureau of Economic Analysis, US International Transactions より

国外へは高金利で貸している（収益率の高い投資を行っている）からである。なぜこのようなことができるかというと、すでに見たように、世界の取引の多くはドルを用いて行われるため、ドル建てであり、安全であるアメリカ国債などは世界中で好まれる。すると国債価格は高くなり、利回りは低くなる。このようにしてアメリカは低金利で世界中から借りることができる。これはアメリカの特権であり、かつてフランスのドゴール大統領が exorbitant privilege（巨大な特権）と呼んで批判したものである。このことからもわかるように、世界中の取引に使われる通貨の発券国は低金利で借りることができる特権を持つ。

2.4 途上国での経常収支赤字の問題点

経常収支赤字の問題として、特に途上国ではサドンストップ（sudden stop）と呼ばれる問題、あるいは経常収支の逆転（current account reversal）と言われるものが存在する。これらは突如として国外からの借り入れができなくなってしまうことを指す。なぜそもそも、借り入れなければならない状況になるかといえば、財政赤字の存在が挙げられる。すでに見たように

$$Sg = CA + I - Sp$$

であるので、財政赤字（$Sg < 0$）は国内投資の減少、民間貯蓄の増加（$I - Sg < 0$）のいずれかあるいは両方で補うことができない場合には国外からの借り入れ（$CA < 0$）でなされなければならない。ところが、突如として借り入れができなくなれば新しい制約

$$CA = Y + NFP - C - I - G \geq 0$$

を満たさなければならなくなる。すると $Y + NFP \geq C + I + G$ つまり右辺の国内支出が国民所得を超えてはならないのであるから、消費、投資、政府支出のいずれか、あるいは複数を削減する必要が生じ、国民生活は悪化する。

　また第 13 章で見るように、固定レートを用いている場合、継続的な経常赤字は為替レート危機と言われるような問題の背景となりうる。経常赤字を続けている国は、国外から借りているわけであるが、特に新興国では自国通貨ではなく外国通貨建てでしか借りられない場合も多い。そのような国の通貨は相対的に需要がなく、外貨に対して減価する可能性が高いので、先進国の貸し手が安心して貸せないのである。そのため、固定レート維持のためには中央銀行が外貨準備を使うのであるが、外貨準備は減少の一途をたどり、いつかは固定レートが維持できなくなるであろうという予想を引き起こすため、そのような通貨は投機的攻撃のターゲットになりやすい。

2.5　経常収支黒字は多いほど良いのか？

　マイナスの経常収支は外国からの借金であり、またプラスの経常収支は外国への貸し付け、または外国からの儲けであることは先に述べたが、そのように考えるとプラスであればあるほど国内は潤い、人々の生活が豊かにあるのであろうか？　事実産油国であるサウジアラビアや中国などは大きな経常黒字によって生活が豊かになっているし、過去の日本もそのようにして経済成長を遂げてきた。また比較的短期の経済変動としては、外国に買ってもらわないと需要が不足する、という問題がある。しかし、アメリカの例からもわかるように、経常収支がマイナスであっても経済成長を続けることは可能である。借りてきた資本によって経済が成長し、短期的にも国内の需要が強いものであれば結果として経常赤字となるものの、国民所得の水準は低いものにならない。

　ここで 1996 年以降の日本の経常収支とその内訳をみると、いくつかの点に気づく（図 10.3）。

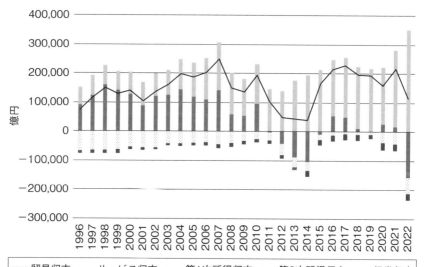

図 10.3 日本の経常収支とその内訳
財務省 国際収支状況より

　経常収支は常にプラスであるが、その構成要素は大きく変わっている。まず、かつて経常収支のプラスを支えていたのは貿易黒字（財取引）であった。これが傾向的に低下し、マイナスを記録することも多くなった。2022年では原油価格の高騰などもあり、貿易赤字は大きなものとなった。反対に、第1次所得収支は傾向的に増加している。最近では主にこの第1次所得収支によって経常黒字が確保されている。

　では第1次所得収支の構成を見てみよう。すでに見たように、第1次所得収支とは、海外からの配当、金利の受け取りから海外へのそれらの支払いを引いたものである。

　データによれば、直接投資からの収益、ポートフォリオ投資からの収益が第1次所得収支の主たるものであり、近年特に直接投資からの収益が伸びている（図10.4）。

　直接投資そのものも増えているのであろうか？　金融収支とその内訳を見てみよう。

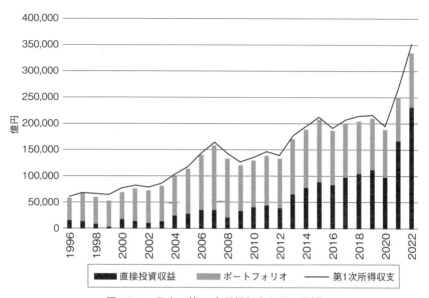

図 10.4　日本の第 1 次所得収支とその内訳
財務省　国際収支状況より

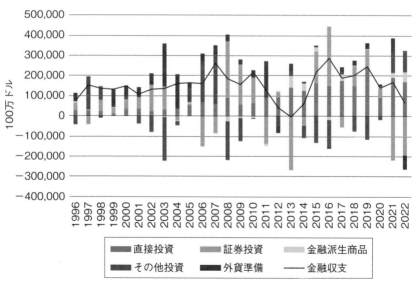

図 10.5　日本の金融収支とその内訳
財務省　国際収支状況より

やはり直接投資が増加していることがわかる。図 10.5 にもあるように、2022 年については外貨準備とポートフォリオ投資がマイナス（つまり外国資産の売却あるいは外国居住者による日本の資産の購入が多かった）であるが、これは年によってプラスにもなっている。ただし直接投資は 1996 年以降一貫してプラスである。

日本に見られる、このような貿易収支の減少と第 1 次所得収支の増加、そして直接投資の増加は、少子高齢化という人口動態に密接に関わるものと考えられる。すなわち、日本国内市場が縮小あるいは世界の市場に比べて相対的に縮小しているために国内で生産を行って海外に輸出するのではなく、市場の大きな海外で現地生産している。このため直接投資の形をとる海外の現地子会社の活動が活発になり、そこからの利益の分配によって日本の経常収支がプラスとなっている。しかし、生産拠点を日本国内から海外に移していることは、雇用が国内から国外へと移ってしまったことを意味する。生産拠点の移転は賃金の差を理由とすることも多く、国内雇用の減少は国内の賃金の低下あるいは所得の低下を伴うだけでなく、税収の減少も意味する。

このほか、経常収支が多すぎることで問題になることとしては、政治問題が挙げられる。これは日米貿易摩擦に見られるだけでなく、最近では米中の貿易摩擦が政治問題化しているところにも見られる。このように見ていくと、巨大な経常黒字も問題であるために、経常黒字は多いほど良い、ということにはならない。

2.6 経常収支の国際的不均衡（Global Imbalances）

すでに学んだように、経常収支は 1 国が他国に貸しているか借りているかを示すものである。すると全世界で見れば、ある国の借金は他の国が貸しているわけであるので、世界全体の経常収支を合計すれば 0 になるはずである。アメリカの経常収支がマイナスであることはすでに見たが、ではどの国が貸しているのであろうか？

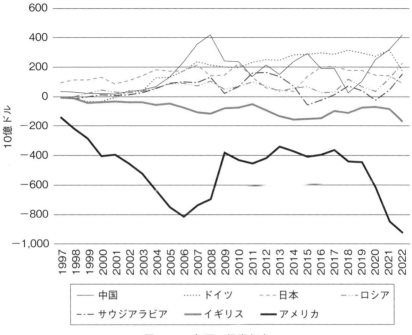

図 10.6　各国の経常収支

　図 10.6 からわかるように、アメリカの経常赤字は日本、ドイツ、中国な
どの産油国によって支えられていることがわかる。2000 年代中盤以降には
アメリカが GDP の 6% 程度の経常赤字となり、この水準は持続不可能とみ
なされてきた。新興国や産油国は経済成長とともに消費を増やすことで貯
蓄を減らし、アメリカに貸す額が減少すると思われたからである。その際
にどのように経常赤字が是正されるのかという点に世界の関心が向いた。
ドルが減価する、アメリカ国債の価格が下落する、アメリカでの投資が減
少する、アメリカでの消費が減少する、など様々な可能性が指摘された。
ところが、アメリカの経常赤字は 2008 年の世界金融危機によってアメリ
カの投資・消費が減少することで急減した。その後、額としての経常赤字
は増加しているが、対 GDP 比で見た 2022 年の経常赤字は約 4% である。

練習問題

1. 外国居住者が日本へ旅行に来て宿泊や食事をすると、日本が旅行サービスを輸出したことになる。日本のサービス収支の内訳を財務省国際収支統計からダウンロードし、1996 年から 2022 年までの各年のデータを使ってサービス収支に占める旅行収支の割合を計算しなさい。

2. 日本における少子高齢化は貿易収支を減少させているものの、経常収支は減少しているとは言えない。今後高齢化に伴う政府支出の増大が経常収支に与える影響はどのようなものがあるか、理由とともに述べなさい。

第 11 章

国際 IS-LM モデル

すでに学んだ IS-LM モデルを国際版へと拡張する。短期には為替レートが財・サービス市場にも影響を与えることを学び、金融政策および財政政策の影響を分析する。

1. 国際 IS-LM モデル

1.1 国際モデルへの拡張：IS 曲線

第 4 章で学んだ IS-LM モデルは、物価が伸縮的ではない短期において、財・サービス市場と貨幣市場を均衡させる金利と国民所得の組み合わせを表現するモデルであった。ここでは国民所得を Y とし、IS-LM モデルを国際モデルに拡張するにあたって、以下の 2 点に注意する必要がある。

A. 財・サービス市場の均衡条件（IS 曲線）

$$Y = C(Y-T) + I(i_{¥}) + G + EX\left(\frac{S_{¥/\$}P_{US}}{P_J}\right) - IM\left(Y-T, \frac{S_{¥/\$}P_{US}}{P_J}\right)$$

B. 金利平価条件

$$(1+i_{¥}) = (1+i_{\$})\frac{S^1_{¥/\$}}{S_{¥/\$}}$$

A. で示された変更は、国際経済において財・サービスのやり取りが輸出・輸入という貿易チャンネルを通じて行われるため、これを考えなけ

ればならない。そのとき、輸出は実質為替レート $S_{¥/\$}P_{US}/P_J$ によって決まり、輸入は実質為替レートに加えて可処分所得 $Y-T$ によって決まる。これは、次のように考えることができる。

実質為替レートのうち、分子に当たる $S_{¥/\$}P_{US}$ は、アメリカのバスケットを円で表示した価格であり、分母の P_J は日本のバスケットを円で表示した価格である。見方を少し変えて実質為替レートを $P_{US}/(P_J/S_{¥/\$})$ とすれば、このときの分子はドル建てでのアメリカのバスケット価格であり、分母はドル建てでの日本のバスケット価格である。もしも分子であるドル建てのアメリカのバスケット価格が、分母であるドル建てでの日本のバスケット価格に比べて大きくなっていくとすると、アメリカの消費者は相対的に価格が高いアメリカのバスケットではなく、相対的に価格が安い日本のバスケットをより多く買うようになるはずである。このため、日本からアメリカへの輸出が増加すると考えられる。

一方の輸入は、円表示のアメリカのバスケット価格（実質為替レートの分子）が円表示の日本のバスケット価格（分母）より大きくなれば、消費者は相対的に価格の高いアメリカのバスケットよりも相対的に価格の安い日本のバスケットを多く買おうとするはずであり、輸入は減少すると考えられる。ところが、2020 年代に入り、原油価格の高騰が日本の貿易収支を悪化させているように、為替レート（円）が $S_{¥/\$}=120$ から $S_{¥/\$}=150$ のように減価すると、輸入数量が変化しなくても輸入額が増加してしまう。このため、実質為替レートと輸入の間には、相反する2つの効果がある。ここで、為替レートの減価によって輸入数量が減少する効果を数量効果と呼び、為替レートの減価によって輸入額が増加する効果を価値効果と呼ぶことにしよう。ここでは、両国の物価が短期で変化せず、数量効果が価値効果を上回ると仮定すると、為替レート $S_{¥/\$}$ の減価は輸入を減少させると考えることにする。さらに、輸入は消費などのための外国からの財・サービスの購入であるから、消費同様に所得に依存する。すなわち、所得が増えれば消費が増え、そのうちのいくつかは外国の財・サービスなのである。

したがって、所得の増加は輸入の増加につながる。このように考える

と、純輸出（$EX-IM$）は為替レート $S_{¥/\$}$ が上昇するほど（円がドルに対して安くなるほど）増加し、$S_{¥/\$}$ が下落するほど（円がドルに対して高くなるほど）減少することがわかる。また、もし物価の変動も併せて考えるのであれば、実質為替レート $S_{¥/\$}P_{US}/P_J$ が高まれば（円の実質的な減価が起これば）純輸出は増加し、実質為替レートが低くなれば（円の実質的な増価が起これば）純輸出は減少する。

　B. で示された金利平価条件は、為替市場の均衡条件として使われてきた。国際 IS-LM に必要な理由は、所得と金利を決定する IS-LM モデルにおいて、A. で新たに導入した為替レート $S_{¥/\$}$ を金利の関数としてモデルから消去しておく必要があるからである。なお、アメリカの金利 $i_\$$ と将来の為替レート $S^1_{¥/\$}$ については、ひとまず固定しておき、$\overline{i}_\$$ および $\overline{S}^1_{¥/\$}$ で示すことにしよう。すると、日本の金利 $i_¥$ の上昇は為替レート $S_{¥/\$}$ を下げるので、純輸出を減少させることになる。

　すると、IS-LM モデルのうち、需要は

$$D=C(Y-T)+I(i_¥)+G+EX\left(\frac{P_{US}}{P_J}, i_¥, \overline{i}_\$, \overline{S}^1_{¥/\$}\right)-IM\left(Y-T, \frac{P_{US}}{P_J}, i_¥, \overline{i}_\$, \overline{S}^1_{¥/\$}\right)$$

となる。

　図 11.1 で再び 45 度線モデルに戻ると、金利の上昇は投資需要と純輸出

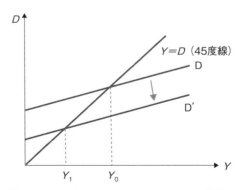

図 11.1　金利の上昇は投資を減少させるとともに、為替レートを増価させて純輸出需要を下げるために需要曲線 D を下方にシフトさせることで均衡国民所得を Y_0 から Y_1 へ減少させる。

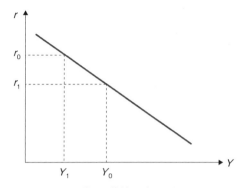

図 11.2　国際 IS 曲線は右下がりとなる。

需要（外国からの需要から輸入需要を差し引いたもの）を下げるため、需要曲線 D が下方へシフトする（需要曲線 D のシフトとは、横軸で測られている国民所得 Y 以外の変数が需要 D を変化させるときに起きる）。その結果、均衡国民所得 Y が減少することになる。これは国際経済を考える以前、すなわち $EX - IM = 0$ の場合と同じ動きである。したがって、金利の上昇は国民所得の減少につながるため、図 11.2 にあるように IS 曲線は右下がりとなる。

1.2　IS 曲線のシフト

IS 曲線は金利と国民所得の関係を表したものであるから、この2つ以外の変数が変化した時には IS 曲線がシフトする。

① 政府購入の増加（G の上昇）

G の増加は図 11.1 における需要曲線 D を上方にシフトさせる。これにより、以前と同じ金利の下では均衡国民所得 Y を上昇させる。この結果、IS 曲線は右側にシフトする。

② 増税（T の上昇）

T の上昇は可処分所得（$Y - T$）を減少させるために消費を下げ、輸入

を下げることになる。ただし輸入にはマイナスの符号がついているため、需要への効果は一見すると不明である。これは、輸入される財・サービスは消費され、それは国内で生産されたものの消費同様、消費 C に含まれることを考えると消費の減少幅＞輸入の減少による純輸出の増加幅となることがわかる。結果として、T の上昇は需要を減少させ、需要曲線 D を下方にシフトさせる。このことは均衡国民所得を減少させるので、IS 曲線は左にシフトすることになる。

③　外国物価の上昇（P_{US} の上昇）

P_{US} の上昇は実質為替レート上昇を通じて、輸出を増加させて輸入を減少させるため、純輸出が増加する。これは需要曲線 D の上方シフトに相当し、均衡国民所得を増加させる。結果として IS 曲線は右にシフトすることになる。

④　国内物価の上昇（P_J の上昇）

P_J の上昇は実質為替レート下落を通じて、輸出を減少させて輸入を増加させるため、純輸出が減少する。これは需要曲線 D の下方シフトに相当し、均衡国民所得を減少させる。結果として IS 曲線は左にシフトすることになる。

⑤　外国金利の上昇（$\bar{i}_\$$ の上昇）

これまで固定してきた外国金利が上昇した場合には、金利平価条件から為替レートが減価する（$S_{¥/\$}$ が上昇する）。その結果、純輸出が増加して需要曲線 D が上方にシフトして均衡国民所得を増加させるために、IS 曲線は右にシフトする。

⑥　予想将来為替レートの上昇（$\overline{S}^1_{¥/\$}$ の上昇）

予想将来為替レートが上昇する（円安になることが予想される）と、すでに見たように金利平価条件から為替レートが減価する（$S_{¥/\$}$ が上昇す

る）。すると、外国金利の上昇ケースと同様に純輸出が増加して需要曲線D
が上方にシフトして均衡国民所得を増加させるために、IS曲線は右にシフ
トする。

1.3 Jカーブ効果について

実は為替レートと純輸出の関係はさほど簡単ではない。円が減価する
際、輸出入の注文は数か月前に行われている場合が多いので、円の減価は
輸出入の数量を直ちには変化させずに輸入のために支払う額が上昇[1]して
貿易・サービス収支が悪化する可能性がある。その後、円の減価で輸出数
量が増え、輸入数量が減少し、ゆっくりと貿易・サービス収支が改善する
ことが考えられ、これをJカーブ効果という。

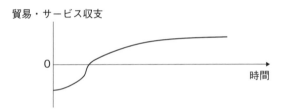

図11.3 Jカーブ効果

為替レート減価は輸入が増えることで貿易・サービス収支が悪化するが時間
とともに輸出の増加と輸入の減少が起きて貿易・サービス収支は改善する。

1.4 国際モデルへの拡張：LM曲線

第4章で学んだLM曲線は、国際IS-LMでも引き続き利用する。LM曲
線は右上がりとなる。すると、国際IS-LMモデルは図11.4のように表さ
れる。なお、物価変動のない短期を考慮しているために、名目金利$i_¥$と実
質金利rは同一である。

---

[1] 売り手の通貨で支払うと仮定する。つまり、日本の輸出は日本円で決済が行われ、日本
の輸入は外貨で決済が行われると仮定している。

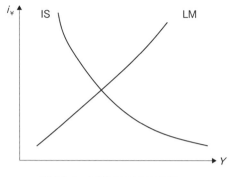

図 11.4　国際 IS-LM モデル

2. 金融政策と財政政策の効果

2.1　金融政策の効果

　国際経済における、自国の金融政策の効果について考えよう。もしも中央銀行が金融緩和を行い、金利を下げるとすれば、第 4 章で見たように、LM 曲線が右にシフトする。すると、財・サービス市場と貨幣市場を同時に均衡させる金利も下がり、国民所得が増加する。このとき、金利平価条件から、図 11.5 (a)、(b) にあるように自国の為替レート $S_{¥/\$}$ が上昇（円が減価）していることに注意しよう。

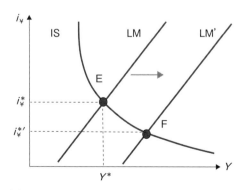

図 11.5 (a)　金融政策（*Ms* の増加）の効果で金利が低下する。

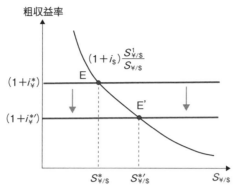

図 11.5（b）　金融政策による金利の低下は自国通貨を減価させる。

　すると、金融緩和が国民所得に及ぼす影響は次のように考えられる。①低い金利が投資を喚起し（第6章）、総需要が増える、②低い金利が自国通貨を減価させることで、純輸出 $EX-IM$ つまり国外からの需要を増加させることによって総需要が増える。

2.2　財政政策の効果 1：拡張的財政支出（G の上昇）

　G が上昇すると需要 D が増加することになり、需要曲線 D を上方にシフトさせるために均衡国民所得は増加する。これは IS 曲線の右シフトとなり、図 11.6（a）のように均衡金利は上昇する。これは需要 D が上昇し

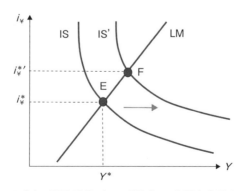

図 11.6（a）　財政政策（G の増加）は金利を上昇させる。

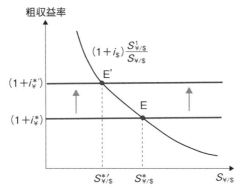

図 11.6（b）　財政政策による金利上昇は為替レートを増価させる。

て国民所得が上昇すると、貨幣需要関数 $L(i_¥, Y)$ からわかるように、貨幣需要が増加して貨幣需要曲線が外側にシフトする一方、貨幣供給には変化がないために均衡金利が上昇するのである。このとき、自国金利の上昇は、金利平価条件より、自国の為替レート $S_{¥/\$}$ の下落（円が増価）を意味する。

2.3　財政政策の効果 2：減税（T の減少）

T を減少させると、需要 D のうち消費が増え、輸入が増加する。すると需要曲線 D は上方にシフトするために均衡国民所得を増加させる。これは IS 曲線の右シフトとなり、図 11.6（b）のように均衡金利は上昇する。金利平価条件より、これは自国の為替レート $S_{¥/\$}$ の下落（円の増価）を意味する。

ここで、金融政策、財政政策のいずれも国民所得を増加させることができるが、それらが為替レートに与える影響は逆であることに注意が必要である。

3. 固定レートでのIS-LMモデル

3.1 固定レート

為替レートが固定されている場合でも金利平価条件を満たすため、国内の金利は外国金利と一致する。すると、IS-LMモデルでは均衡金利である交点の高さが不変であるということになる。

3.2 金融政策の効果

拡張的な金融政策として、マネーサプライの増加を考えよう。すると、貨幣市場では貨幣供給曲線が右にシフトするために均衡金利が下落する。これは固定レートでは国内金利と外国金利が等しいという条件に反するが、もし仮に金融政策の結果として国内金利が下落したとすると、為替レート変動リスクがなければ、投資家は円ではなくドルで持つ方が高い収益率を得られるので、円をドルに替えようとする。固定レートの下では日銀が円を買い取ってドルを売ることになるので、外貨準備を減らし、円のマネーサプライを減らすことになる。すると、日銀が増やしたはずのマネーサプライは日銀自身によって回収されるのである。さらに、この円マネーサプライの減少は、日本の金利がアメリカの金利と同一になるまで

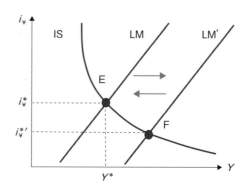

図11.7 固定レートの下での金融政策

続くため、金融政策が金利および均衡国民所得に及ぼす影響はまったくない。LM 曲線の右シフトは左シフトによって元に戻る。これは図 11.7 に表されている。

3.3　財政政策の効果

　G や T の変更を伴う財政政策が需要曲線 D をシフトさせ、IS 曲線をシフトさせることはすでに見た。G が増加した場合には IS 曲線が右にシフトし、均衡金利を上昇させ、均衡国民所得を増加させるのであるが、固定レートの下で金利の上昇は、為替レート変動がないにもかかわらず日本の金利がアメリカの金利よりも高いために日本円の収益率がドルのそれを上回り、円の需要増加を意味する。このため、日銀はドルを売って円を買いたい投資家の需要にこたえる必要があり、外貨準備を増やし円のマネーサプライを増加させるために LM 曲線を右にシフトさせる。このマネーサプライの増加は国内金利がアメリカの金利を上回る限りは続くので、最終的には国内金利が財政政策を始める以前のレベル、すなわちアメリカの金利と同一となる。すると、図 11.8 に見るように財政政策は IS 曲線の右シフトによって均衡国民所得が増加するのみならず、LM 曲線の右シフトによっても均衡国民所得を増加させるのである。

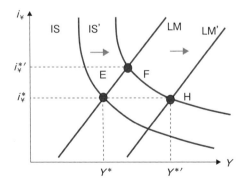

図 11.8　固定レートの下での財政政策：E から H へ

3.4　通貨切り下げの効果

　固定レートの下で、中央銀行は通貨切り下げとして、自国通貨の減価
（$S_{¥/\$}$の上昇）を選択することができる。この際、国内経済にどのような影
響があるかをIS-LMモデルを使って見てみよう。まず、自国通貨の切り下
げによってマネーサプライが増加することに注意すると、これはLM曲線
の右シフトを意味することがわかる。この結果、自国の金利が下がるが、
どのようなレベルの為替レートであれ、金利平価条件から内外の金利は同
一でなければならない。これは図11.9にあるように、IS曲線の右シフトに
よって達成される。なぜならば、通貨切り下げによって予想将来為替レー
ト$\overline{S}^1_{¥/\$}$が上昇するためである。すなわち、自国通貨切り下げは、輸出を増
加させて輸入を減少させるため、海外からの純需要を増やすことで需要D
を増加させるのである。この結果、均衡国民所得は増加し、貿易収支も増
加する。なお、中央銀行が外貨を購入して円のマネーサプライを増やして
いるので、外貨準備も増加している。

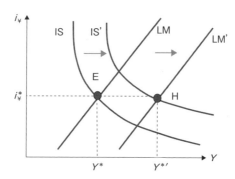

図11.9　通貨切り下げの効果：EからHへ

練習問題

1. 次のような式でマクロ経済が示されているとしよう。

　$C = 10 + 0.8(Y - T)$, $I = 100 - 30i_{¥}$, $G = 10$, $EX - IM = 2S_{¥/\$} - 0.1(Y - T)$

　　ここで、$S^1_{¥/\$} = 150$, $i_\$ = 0.04$ とする。また、貨幣需要関数は

$$L(i_\yen, Y) = \frac{Y}{1+i_\yen}$$

で与えられるとする。なお、$P=1$, $T=0$, $M=1,400$ とする。

1.1　財・サービス市場の均衡式から金利平価条件によって $S_{\yen/\$}$ を消去し、IS 曲線を求めなさい。

1.2　LM 曲線と IS 曲線の交点を求め、このときの $Y, i_\yen, S_{\yen/\$}$ を求めなさい。

1.3　金融政策により貨幣供給量が増加して $M=1,420$ となった。1.2 で求めた値はどのように変化するかを計算によって求めなさい。

1.4　財政政策により、$T=10$ となった。1.2 で求めた値はどのように変化するかを計算によって求めなさい。

2.　前問 1.3 および 1.4 で、固定為替レートの場合には、それらで求められた値がどのように変化するかを計算によって求めなさい。

第 **12** 章

金をめぐる国際通貨制度の歴史

　歴史上貨幣として使われることも多かった金と、それが国際経済で果たした役割について学ぶ。

1. 金本位制

1.1 通貨と金本位制

　本来は紙である紙幣を、貴金属のようにそれ自体に価値があるとされてきたものに結びつけることによって価値を持たせるという行為は歴史上何度も行われてきた。第2次大戦後はブレトンウッズ体制により、1971年にアメリカが金とドルとの兌換を停止するまで、多くの国の通貨は間接的にせよ、金と交換可能であった。換言すれば、紙幣を含めた通貨の価値は金によって保障されていたのである。第2次大戦以前には、各国がそれぞれ金と紙幣を含めた通貨が交換可能な制度を持っていた。このように通貨の価値を金と結びつけ、政府あるいは中央銀行が通貨と金の交換を行う制度を金本位制という。しかし貴金属には金のみでなく銀もプラチナも存在する。そのため通貨価値を金のみに結びつける必然性はさほどなく、歴史上には銀本位制も存在した。なお、アメリカ合衆国では長年にわたって金銀両本位制が取られてきた。

1.2　金本位制の由来と、なぜ金なのか？

　近代における金本位制の起源は、イギリスにおいて 1816 年に造幣法
（Coinage Act 1816）という金本位制を定めた法案が議会を通過して以来と
されるが、国際的に金本位制が運用されるようになったのは 1870 年代に
なってからと考えられている。

　金・銀相対価格はヨーロッパ各国で微妙に異なっていたようである。
Eichengreen（2008）によれば[1]、金本位制が世界に広まったのは偶然によ
るものであった。このことは以下のように説明される。歴史的に、イギリ
スでは銀に比べて金の価格が高すぎたのである。すなわち、他国では相対
的に安い金をイギリスに持ち込み、多くの銀に替え、そしてそれを国外に
持ち出して売れば、はじめにイギリスに持ち込んだ金よりも多くの金が得
られる、という裁定取引による利潤獲得が可能であった。悪貨が良貨を駆
逐するという**グレシャムの法則**で解釈すれば、この現象は悪貨である金貨
が良貨である銀貨をイギリスから駆逐してしまったのである。しかし、な
ぜ金貨が悪貨なのであろうか？　それは、イギリスの法定交換比率よりも
安い金が外国から流入してしまうということを悪貨の流入と捉えていたか
らである。銀が良貨であるのは、国際的には銀はイギリス国内よりも高く
評価されていたからである。

　もちろん、金銀相対価格を変更するという政策も取られ、その一つは科
学者ニュートンによるものであったが、これも裁定取引をなくすほどの効
力はなかった。それでもまだ金が高かったのである。裁定取引が繰り返さ
れることで、イギリス国内には金があふれ、銀がなくなってしまうという
現象が起きた。これによって金本位制へと進んだと説明される。すると、
イギリスと取引のあった国はイギリスに合わせて金での取引が広まり、金
本位制自体も国際的に広まっていったということである。1870 年代中盤ま
でにはフランスが金本位制となり、ドイツも 1871 年の普仏戦争で得た賠

---

[1] Eichengreen, B.（2008）*Globalizing Capital: A History of the International Monetary
System*, 2nd Ed. Princeton University Press.

償金を貨幣の裏付けとなる金として金本位制となった。日本も同様に1894年の日清戦争で得た賠償金を円の裏付けとなる金として金本位制に移行した。

1.3 金本位制と為替レート

金本位制では、中央銀行が発行するお金である兌換券は、中央銀行に持ち込むことで金と交換が可能である。仮に1グラムが1,000円札と交換できるとしよう。同様にアメリカでも10ドルと1グラムの金が交換可能であるとしよう。すると、金1グラムは1,000円＝10ドルとなるので、為替レートは1ドル＝100円となる（図12.1）。仮に市場の為替レートが1ドル＝150円だとしよう。すると金を通じた裁定取引が可能になる。1,000円を日本銀行で1グラムの金に換えてもらい、これをアメリカに送って連邦準備銀行で10ドルにしてもらう。これを市場の為替レートで売って円にすれば1,500円になるのである。これを多くの投資家が行えば、外国為替市場では大量のドルが売られて円が買われるので、円の相対的な需要の高まりは1ドル＝150円を円高方向に動かし、次第に1ドル＝100円に向かっていく。実際に金を外国に送る（これを金の現送と呼ぶ）ためにはコストがかかるため、外国為替市場での為替レートが1ドルあたり100円を若干上回る、金現送点（gold export point）にならないと現送とそれに伴う裁定取引は起きなかった。

とはいえ、金と通貨との交換レートを中央銀行が維持する限りにおいては、為替レートは固定レートであ

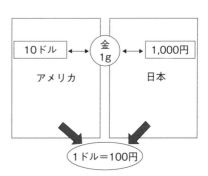

図12.1　金本位制によって為替レートが決定する例[2]

---

[2] 戦前には金1オンスがアメリカで20.67ドルであり、日本では41.48円であったため、1ドルあたりおよそ2円が金平価であった。

り、このようにして決まる為替レートを金平価（gold parity）という。

1.4　金本位制の利点と欠点

・利点：物価の安定、経常収支安定という理想

　近代の金本位制において、実際には政策当局は紙幣を発行したので、貨幣供給量は所持する金の量に一致させる必要はなかった。中央銀行の義務は、銀行券を金に兌換するということであり、発行済み銀行券が一度に金への交換を要求されるということはまずありえないので、銀行券の発行は金の保存量を大幅に上回ることが可能であった。

　確かに、金本位制によって、第一次世界大戦後あるいは第二次世界大戦後に見られたようなハイパーインフレーションは起きえないし、実際にも起こらなかった。しかしながら、金本位制の問題である、柔軟に貨幣供給量を変化できない問題は、世界中から様々な外的なショックを受ける今日の世界経済においては現実的であるとは言えない。

　また、金本位制が経常収支に与える利点として18世紀の経済学者ヒュームのいう物価正貨流出入メカニズムとは以下のようなものである。金本位制の下での貿易黒字は金の流入を意味するので、金の流入が貿易黒字国の物価を押し上げる。すると今度は物価が高いことから（実質為替レートが増価して）貿易黒字が減っていく。このようにして金本位制では経常収支が安定する。

・欠点：物価の変動という現実

　世界全体での金の供給量は新しい金鉱の発見によって増加し、また金が貴金属装飾品として使われることで減少した。本質的には、金の供給量は政策当局によってコントロールできなかったのである。このことは、物価水準に影響を及ぼした。つまり、金鉱の発見によって金が増えれば、貨幣供給量が増えるのと同様に、物価水準が上がったのである。例えば1グラムの金で1頭の牛が買えるとすると、金の増加は需要の増加につながるため、1頭の牛の価格が上昇し、1グラム以上の金が必要になってくるわけ

である。

　逆に、人口増加や経済活動規模の上昇にもかかわらず、金の量が弾力的に増加しないことは、物価の下落という問題をもたらした。すなわち、人口増加にもかかわらず金（お金）がないので各個人の購買力がなくなってしまうのである。日本でのデフレーション同様、企業は売るためには価格を下げねばならず、そのため賃金も上げられず、労働者の購買力は低下する、というものである。

2. 金銀本位制から金本位制へ：アメリカにおける「1873年の犯罪」とオズの魔法使い

2.1 金銀本位制

　金本位制が広く普及する前には銀の法貨としての地位は広く認められていた。アメリカ建国時には当時のイギリスのように金銀本位制を取るべきだという考えに基づき、金と銀の交換比率を15対1、すなわち金1グラムと銀15グラムが同じ価値を持つと法で定めることになった（1792年のCoinage Actによる）。実際にはどのようになっていたかを理解するために単純化した例を示すと、100グラムの金を造幣局に持ちこんで金貨にしてもらい、100ドル分の貨幣になったとすると、銀であればこの100ドル分を得るために1,500グラムの銀を造幣局に持ち込んで銀貨にしてもらう必要がある。この例では1ドル＝金1グラム＝銀15グラムである[3]。

　ここで重要なのは、法定の金銀交換比率と市場での金銀交換比率は必ずしも一致しないということである。市場での交換比率（あるいはドル表示の金価格とドル表示の銀価格の比率）はそれぞれの需要と供給という市場原理によって決まる。供給について考えよう。例えば新たな金鉱脈が見つ

---

[3] 実際の1792年のCoinage Actでは銀1オンスが1.29ドル、金1オンスが19.39ドルと定められ、1オンスが28.3495グラムであることから1ドル＝金1.4628グラム＝銀21.9764グラムであった

かり金の供給が急増するようなことがあれば金の価格は下がるか、少なくとも銀の価格に比べて下がることになる。逆に銀の鉱脈が見つかって銀の産出量が増えれば銀の価格が金の価格に比べて下がることになる。需要については、例えば金が装飾品ブームによって買われる機会が増えれば金の相対価格は上昇し、銀の食器やナイフが流行すれば銀の相対価格が上昇する。

　このようにして、市場における金銀交換比率が法定比率と異なる場合にはどのようなことが起こるのであろうか？　上述の例で言えば、市場で金の価格が上昇し、1グラムあたり2ドルに上昇したとしよう。それまで100グラムの金を造幣局に持ち込めば100ドルになっていたのが、このようにするために200ドルで金を市場で買ってこれを造幣局に持ち込むと100ドルになってしまう。このようなことは誰もしない。別の言い方をすれば、金貨はその額面よりも市場では高い価値を持っているのである。

　したがって、額面よりも価値のある金貨は手元に残しておき（場合によっては鋳つぶす）、支払いには銀貨のみを使用することになる。このようにして、悪貨は良貨を駆逐するというグレシャムの法則に基づいて、悪貨である銀貨が良貨である金貨を駆逐してしまうのである。ここでも法定価格より安い金属である銀が悪貨であり、それが市場では高く評価されている金属である金という良貨を駆逐しているのである。

2.2　なぜ金銀本位制だったのか？

　物価水準は貨幣の需要と供給によって決まり、貨幣の需要は経済規模（取引量・額）によって決まる一方、貨幣の供給は金本位制の下では金の供給によって決まることになる。経済が人口増加、資本蓄積、技術進歩によって成長するのであれば貨幣需要は増える一方、金の供給が貨幣需要の成長に合わせて増加しないのであれば少ない量の貨幣が多くの物・サービスの取引に使われることとなり、物価水準は下がる。具体的な例で言えば、農業生産が増えたとしてもお金がないので消費者の消費額は増えない。農作物市場の需要と供給の関係から、農作物の価格は下落する。人口

増加・労働力の増加にもかかわらず、貨幣量が増えないのであれば企業は労働者を雇うことはできない、家計は 1 人当たりの消費額を減らさざるを得ない、このため賃金が下がろうとも労働者はそれを受け入れて働かざるを得ず、低い賃金は低い購買力を意味するため、企業の売り上げも上がらず、このため企業は値下げをしてでも生産物を売るようになる。このようなデフレーションは、貨幣供給が増加すればかなりの程度避けられるのである。逆に急激に金の供給が増えてしまうような場合にはインフレーションが引き起こされる。

　元来、貨幣の価値が下がらないようにするために金本位制があるとしても、そのデメリットとしては経済成長の過程で金の供給量が十分に増加しないことによるデフレーションの問題があるのである。

　このように、深刻なデフレーション・インフレーションを避けるために金銀本位制が存在したのである。

2.3　金本位制への移行

　1840 年代後半のカリフォルニアでの金鉱の発見に続くゴールドラッシュによって、金の供給量が増えたことがアメリカを金本位制へと進めた。金鉱の発見によって、銀を法貨から外した場合に考えうるデフレーションの可能性が低くなったのである。また 1867 年にパリで開かれた国際金融コンファレンス以来、ヨーロッパの多くの国が 19 世紀前半より金本位制を採用しているイギリスに合わせて、銀を本位通貨から除外するようになった。国際的な通貨の信用、安定、円滑な貿易の促進のためには金のみによる貨幣価値の裏付けが必要と考えられてきたのである。

2.4　1873 年造幣法

　アメリカ議会は 1873 年に第 4 次造幣法（Coinage Act of 1873）を可決した。この法案の内容は造幣局の構成について規定したものがほとんどであり、多くの議論もなく可決してしまったのであるが、その法案の中に銀を本位通貨から外すという条項が設けられていることには、法案提出者を

除くとほとんど誰も気づかなかった。このようなだまし討ち的な法案成立の背景から、この法は 1873 年の犯罪（Crime of 1873）とも呼ばれている。

　銀を本位通貨から外すということは、銀を造幣局に持ち込んだとしても硬貨にしてもらえないことになるため、銀の価格は市場が決定することになり、銀は単なる貴金属として直接の支払い手段にはならないということを意味した。銀が本位通貨から外れたことによって、貨幣供給量が減り、アメリカはデフレーションへと突き進むことになった。

2.5　金本位制とオズの魔法使い

　L. フランク・バウムによる童話『オズの魔法使い』が刊行されたのは 1900 年のことである。ライオン、カカシ、ブリキの木こりという登場人物、オズという名前に普通の読者は特に疑問も抱かないが、1990 年に *Journal of Political Economy* に掲載された Hugh Rockoff の論文*以降、経済学者の間ではこの物語は 19 世紀後半のアメリカ経済を基にした寓話であると認識されている。

　1873 年に銀が本位通貨の地位から転落して以降、アメリカの貨幣供給は貨幣需要ほどの増加をせず、その結果として物価が下落した。第 3 章で学んだ通り、デフレーションでは借手から貸手へ富の移転が起こるため、借金をしている経済主体は借金の実質価値の増加に苦しめられることになった。

　19 世紀後半のアメリカにおいて、借金をしている主体としては、所得が天候などによって変動があるものの、常に多額の支出を行っていた農家であった。デフレーションのために農産物価格が減少して所得減少に見舞われるも農機具や作付けのための苗の購入には借り入れをせざるを得ず、その借金の返済がままならなくなってきていた。この農家は物語の中ではカカシによって代表されている。主人公ドロシーが帰りたかった家があるの

---

* Rockoff, H.（1990）"The Wizard of Oz as a Monetary Allegory," *Journal of Political Economy* 98（4）, 739-760.

も、農業が盛んなカンザスである。ブリキの木こりは工場労働者であり、デフレーションによって賃金下落にさいなまれていた。そしてライオンが象徴するのは政治家のウイリアム・ジェニングス・ブライアンであり、銀の本位通貨復帰を主張していた人物である。

一方、金銀本位制の復活によって貨幣供給量が増加し、インフレーションが起こると困るのは貸手であり、主にアメリカ東部に本拠地を置く銀行や資本家であった。ここから1890年代における社会階層上の対立が起こり庶民の利益を代表する民主党と東部資本家の利益を代表する共和党によって1896年の大統領選が戦われた。民主党のブライアンに対し、共和党のオハイオ州知事であったウイリアム・マッキンリーは金本位制の継続を主張し、大統領選に勝利したが、物語の中では西の魔女として登場する。なお、オズ（Oz）は金の単位であるオンスを意味し、黄色のレンガの道、すなわち金本位制を進んでもドロシーたちの望みはかなわず、代わりにドロシーの銀色の靴（映画版ではルビー色に変わってしまった）、すなわち銀の本位通貨復帰によってドロシーはカンザスの家に帰ることができるのである。つまり、金本位制の継続ではなく、金銀本位制の復活によってこそ、望みが叶うとこの物語は説くのである。

なお、ブライアンが民主党の大統領候補となることができたのは、シカゴで行われた民主党大会での「金の十字架（Cross of Gold）」と呼ばれる演説で "Thou shalt not crucify mankind upon a cross of gold"（汝、人を金の十字架にかけてはならぬ）と述べて大喝采を浴びたことが大きいとされている。1896年の大統領選挙ではブライアンのようなポピュリストがデフレーションに苦しむ庶民の支持を得たのである。

ブライアンが大統領選に負けたことによって金銀本位制の復活はなくなったものの、顕在するデフレーションと銀鉱産業の低迷という問題は残った。しかしこのような問題の本質的な解決には、必ずしも金銀本位制の復活、すなわち造幣局が持ち込まれる銀を硬貨に鋳造するという政策を行う必要はなかったのである。銀の市場価格を高め、そして金の供給量を増やさずとも何らかの形で貨幣供給量を増やせばよかったのである。そこ

で、政府が銀を一定額で買い上げ、その支払いには銀で鋳造された硬貨あるいは銀と交換可能なドル紙幣（silver certificate）を用いるという政策が取られた。金本位制がもたらすデフレーションについては、新たな金鉱の発見から金の供給量が増えることでその問題が次第に消えていったという見方もある[4]。

2.6　銀の国有化（個人所有の禁止）

　ルーズベルト大統領は政府による銀の購入を推し進め、その結果として市場での銀価格は上昇を続けたが、1934 年 8 月に銀を国有化した。つまり個人での銀の保有は禁止され、1963 年に銀保有が自由化されるまで 30 年近くに渡って銀は装飾品、硬貨、あるいは工業製品に使われるのみとなった。これにより、銀価格が市場での需給によって決まることはなくなり、銀鉱産業の関心の中心である銀価格を政府がコントロールすることができるようになった[5]。

3.　国際通貨制度と金

3.1　金本位制を守るための利上げと選挙権：第 1 次大戦まで

　過去には自国通貨の価値を守る、すなわち金との交換比率を一定に保ち、その比率が信認を得るために必要な金を十分に蓄えるべく、中央銀行が金の準備を減らしているときには利上げが容易に行われていた。先に述べたように、金本位制の下では、中央銀行が金と自国通貨（主に紙幣）との交換を保証した。とはいえ、中央銀行は流通している通貨と同額の金を保有している必要はなかった。これはあたかも、商業銀行が預金のすべてを準備金として保有しなくてもよいことと同じ論理である。このため、例

---

[4] Mankiw, G.（2011）*Principles of Economics 6th Edition*. Cengage.
[5] これには政治的な思惑もあったようである。コロラド州など銀鉱産業が中心である地方での集票やそのような州選出上院議員の政治的な賛同を得るという目的である。詳しくは Silber, W.（2019）*The Story of Silver*, Princeton University Press. を参照。

えば中央銀行が保有する金が減少してきた場合には公開市場操作によって
貨幣供給量を減らし、金利を上げることによって流通する通貨を減らすの
みならず、金利平価条件による海外からの資本流入を期待できるのであ
る。このとき、金利の上昇は投資機会を減らすので、雇用も国民所得も減
少するが、自国通貨の価値を維持するのが目的であったので労働者の生活
にはあまり配慮が払われることはなかった。これは当時、所得制限などに
よって限られた国民にしか選挙権がなかったことと関係していると考えら
れている[6]。

3.2　金本位制の崩壊：第1次世界大戦

　金本位制は1914年の第1次世界大戦の開始とともに各国が停止に踏み
切った。理由としては金本位制のもとでは金融政策としての貨幣供給量の
大幅な増加が見込めず、戦費が調達できないことが挙げられる。また、国
外からの資源や武器の調達には国際的な決済手段である金が必要であるの
で、金が国外に流れることや、国内で政府以外が金を持ってしまうのは政

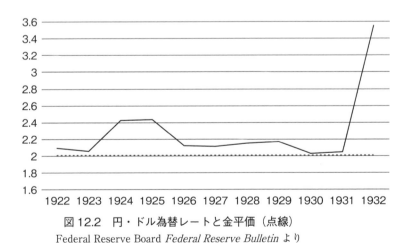

図12.2　円・ドル為替レートと金平価（点線）
Federal Reserve Board *Federal Reserve Bulletin* より

[6] Eichengreen, J. (2008) *Globalizing Capital: A History of the International Monetary System*, 2nd Ed., Princeton University Press.

府にとって都合が悪かった。そのための金本位制の停止にあたり、多くの国が踏み切ったのは金輸出を禁止するという資本規制であった。表向きは金と自国通貨との一定比率での交換を保証していたので為替レートも固定であった。ところが金を輸出することを実質的に禁止した（日本やアメリカなどは法的に禁止しなかったが、ほとんど認められることのない許可制の導入によって実質的に金輸出は不可能であった）ために、金現送による裁定取引が不可能になり、為替レートは変動レートであった。

3.3　金本位制への復帰と失敗：イギリスと日本での失敗

　第1次大戦が終わると、金本位制への復帰が図られた。つまり、金の現送を再び認めるということであり、これを金解禁といった。この際、金と通貨との交換比率を第1次大戦前の水準（旧平価）で行うか、あるいは別の水準（新平価）で行うかでは各国の対応が分かれた。フランスは新平価、イギリスと日本は旧平価で行った。新平価が検討されたのは、第1次戦の前後で各国の物価が大きく変化したためである。つまり、実質為替レート

$$Q = \frac{S_{¥/\$} P_{US}}{P_J}$$

のうち、P_{US} および P_J が大きく変化していた（図12.3参照）。もし旧平価であれば、外国も旧平価という条件の下では名目為替レート $S_{¥/\$}$ が不変であるので、実質為替レート Q は第1次大戦前よりも変化していることになったのである。実際に日英ともに、自国の物価（日本であれば P_J）は戦前の物価に比べて大きく上がっていた。仮に自国の物価の上昇率が外国の物価の上昇率を上回っていたのであれば、旧平価での復帰は実質為替レート Q を大きく減少（つまり大幅な増価）させ、経常収支の悪化から国内生産物への需要を減少させて不況になることが予想された。イギリスは当時、ロンドンが世界金融の中心として各国の金融機関が資産を保有しており、新平価としてポンドを以前より安い価値にする（すなわち1ポンドで交換可能な金の量を減らす、あるいは金の公式価格を高める）ことは自国の強みである金融業にとって打撃であると考えたようである。事実この政

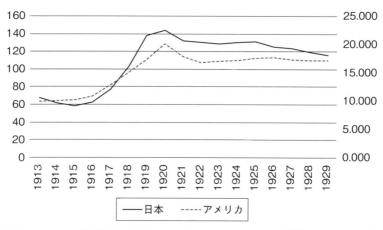

図12.3　日本の物価指数の変化（左軸）とアメリカの物価指数の変化（右軸）
アメリカ消費者物価指数：Consumer Price Index for All Urban Consumers: All Items in U.S. City Average, Index 1982－1984＝100, Annual, Not Seasonally Adjusted を年平均で計算、日本消費者物価指数：長期経済統計データベース（系列番号　J0801＿002）

策はうまくいかず、1925年に金本位制に復帰するも、1931年9月に再離脱することになった。

　日本でも旧平価か新平価かという議論は起きた。イギリスの復帰後には世界の多くの国が金本位制となっていたため、円の国際的な信用のためにも日本は金本位制への復帰を望んだ。結局日本は1930年1月に復帰するものの、1931年には再離脱を余儀なくされた。金解禁を実施した浜口雄幸首相と井上準之助蔵相が暗殺された[7]ことからも、この金解禁が難しかったことがうかがえる。なぜ旧平価で金解禁を行ったのであろうか？　金本位制の下では、1913年以前に、労働市場など国内経済の状況を無視してでもそうしたように、中央銀行が通貨と金の交換比率を守って交換を続けるという信用が最も重要と考えられたようである。例えばイギリスでは1847年、1857年、1866年に金本位制は停止されたが、旧平価での復帰であ

---

[7] これには金解禁そのものよりも、緊縮財政によって軍事予算を減額したことが統帥権干犯だという右翼の見方もあったようで、そのようなテロリストによって暗殺されている。

り [8]、いち早く 1919 年に金本位制に復帰したアメリカも 1834 年以来続いていた金価格を変えなかった。

第 1 次大戦前に比べ、P_J が（P_{US} に対して）大きく上昇すると、
実質為替レート

$$Q = \frac{S_{¥/\$}P_{US}}{P_J}$$

は
旧平価（$S_{¥/\$}$不変）→ $Q\downarrow$（実質増価）→ 経常収支悪化、総需要減少（不況）
新平価（$S_{¥/\$}$上昇）→ Q 不変（実質変化なし），経常収支、総需要変化なし

　また、井上蔵相らは、旧平価では実質為替レートの増価となって国内経済がうまくいかないことはわかっていたが、総需要を減少させる緊縮財政政策によって自国の物価を下げることで実質為替レートの増価を防ごうとした。これを AD-AS モデルを用いてみてみよう（図 12.4）。
　物価を下落させるための緊縮財政は総需要を減少させるため、国民所得

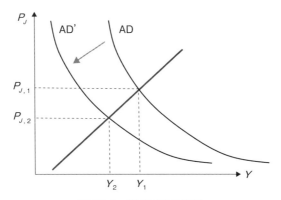

図 12.4　緊縮財政の効果

---

[8] McKinnon, R. (1993) "The Rules of the Game: International Money in Historical Perspective," *Journal of Economic Literature*.

を減少させることになった。これだけではない。図 12.5 にあるように、財政支出の減少は貨幣需要曲線を L から L' へと内側にシフトさせ、金利の下落をもたらす。すると、日本での資産運用ではなく、国外で資産運用する方が収益が高くなるので、資本規制がなくなって金の現送ができるようになったために円を金に換えて現送するか、あるいはドルの為替を買うことになる。いずれにしても中央銀行は外貨準備や金を失うことになり、M^S から $M^{S\prime}$ へとマネーサプライを減らさざるを得なかったのである。

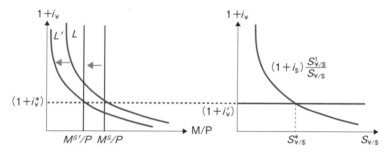

図 12.5　財政支出の減少が貨幣供給曲線を内側にシフトさせ、固定為替レートのために貨幣供給曲線も左にシフトする。

　つまり、図 12.6 の国際 IS-LM では緊縮財政のために IS 曲線が左にシフトし、マネーサプライが減少するために LM 曲線も左にシフトするのである。

　このため、大きく国民所得が落ち込むことがわかる。先に述べたように国際的には旧平価での復帰が常識であったが、それ以外にも日本がこのような政策を選択した理由は何であろうか？　この点について、金解禁を扱った城山三郎の小説『男子の本懐』には次のような記述がある。

　「（中略）浜口・井上が決めたのは、旧平価での解禁であった。理由は、フランスなどでは、旧平価と新平価[9]の間に三割とか五割とかの開きがあったのに対し、日本での開きは、一割前後である。緊縮によって、その

---

[9] ここでいう旧平価、新平価とはそれぞれ、金の公式価格を使った場合の実質為替レートという意味である。

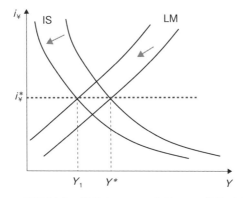

図 12.6　緊縮財政の結果として IS 曲線、LM 曲線が左にシ
フトし、国民所得が減少する

程度の物価引下げ（円の価値の引き上げ）は可能と見た。」（261-262 ペー
ジ）

　実際にこの理由は正しいようで、日米ともに物価は上昇していたもの
の、消費者物価指数で判断する限り、物価の比率では第 1 次大戦と比べて
日本の物価がさほど上昇しておらず、1920 年代後半にはむしろ低下して戦
前の水準に近付きつつあるのであった（図 12.7）。つまり実質為替レート
で見た場合には旧平価での復帰はさほど問題があるとも思えなかったので
ある。

　しかし、このほかに現実的な理由もあった。「旧平価による解禁の場合
は、大蔵省令によって実施できるが、新平価の場合は、貨幣法の改正を必
要とする。議会では、金解禁反対を唱える野党の政友会が絶対多数を占め
ており、法案改正には時間がかかるだけでなく、その見通しも、不確かで
あった。」（262 ページ）

　予想外だったのは 1929 年のニューヨーク市場での株式暴落に端を発す
る大恐慌であり、これが世界的な需要減とデフレーションに結び付いたこ
とである。

　さらに、金解禁後に起きた金の流失から、日本の金本位制維持が困難と
いう見方が強まると、投資家はドル買いに走った。その理由は、いずれは

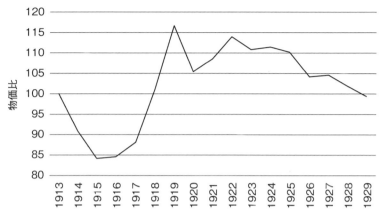

図 12.7　日米の物価比（日本の物価指数をアメリカの物価指数で割ったもの。1913 年の物価比を 100 としてある）

アメリカ消費者物価指数：Consumer Price Index for All Urban Consumers: All Items in U.S. City Average, Index 1982 – 1984 = 100, Annual, Not Seasonally Adjusted を年平均で計算、日本消費者物価指数：長期経済統計データベース（系列番号　J0801＿002）

金価格を上げて円の価値を下げるか、あるいは完全に変動レートに移行することによって円はドルに対して減価するはずなので、相対的に価値が高まるドルを早めに買っておくという投機的な動機によるものが多かった。このほか、1931 年 9 月にイギリスが金本位制から離脱した結果、ロンドンに置いてあった金（在外正貨）が貿易の決済に使えないからという理由のものもあった（三井の「ドル買い事件」）。金が国外へ流出し、金本位制の維持が困難となると政府は 1931 年 12 月に金輸出を再度禁止し、次いで金と円との交換も停止した。当然のことながら、ドルを買いためていた投資家や企業は、図 12.2 にあるように金輸出禁止後に円が減価した際にはドルを売って利益を得た。

3.3　金本位制の事実上の崩壊

　自国通貨の国際的な信用を高めて貿易を行うために、多くの国が金本位制を導入すると、金の賦存量が十分でなくなってきた。すると十分に経済にまわるような貨幣量が供給できず、デフレーションや不況になってし

まうことを避けるには、金の保有量と同額以上の貨幣を発行する必要が出てくる。しかし、その貨幣量が多くインフレーションが予想される場合に人々は貨幣ではなく、より国際的に信用のある金を中央銀行に要求するようになってくる。このことが継続すると金本位制は維持できない。すると、何らかの形で金を国内にも流出させないことが重要になってきたのである。パラドックスのようであるが、通貨の信用のためには通貨を金と交換できる金本位制が重要であるものの、金本位制の維持のためには中央銀行以外が金を持てないようにする必要が出てきたのである。

　大恐慌のさなかアメリカは 1933 年 4 月に金の保有を禁止する大統領令を出し、その後大統領令によって金本位制を停止した。これによってドルが金で裏付けられていると人々に信じさせつつも、金とドルの交換を停止 [10] するだけでなく、金の保有まで禁止したのである。金の保有禁止は 1974 年 12 月まで続いた。中央銀行である連邦準備制度さえも 1934 年の Gold Reserve Act によって金保有を禁じられ、現在も金を財務省に供出した証明である金証券（gold certificate）を所有しているものの、金は所有していない [11]。

3.4　ブレトンウッズ体制

　1944 年から 1971 年まで、西側主要国の為替レートはブレトンウッズ体制と呼ばれる制度により規定されていた。端的には、各国の中央銀行はアメリカドルと自国通貨の為替レートの固定を行い、アメリカの中央銀行である連邦準備制度は各国中央銀行に対し、金 1 オンスあたり 35 ドル [12] で

---

[10] のちに見るように、ブレトンウッズ体制ではアメリカは金とドルとの交換を保証した。しかしこれは外国の中央銀行に対してのみであり、個人や企業に対しては行わなかった。

[11] 連邦準備銀行に存在するのはアメリカ財務省から保管を依頼された金と他国政府から保管を依頼された金である。

[12] これは 1934 年にアメリカが定めた平価である。後にブレトンウッズ体制の事実上の崩壊に際して 1971 年のスミソニアン合意で 38 ドルとなった後、1973 年に 42.2222 ドルに引き上げられ、これは今日でもアメリカでの平価である。つまり、財務省保有などの金は市場価格ではなくこの価格で評価されている。

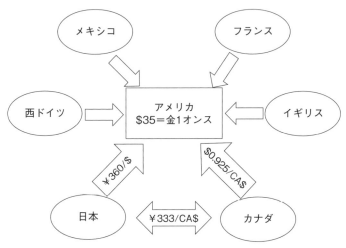

図12.8　ブレトンウッズ体制での為替レート決定
各国は一方的にドルと自国通貨との為替レートを固定する。
アメリカは35ドルを金1オンスと兌換する。

の交換を行う、というものである（図12.8）。例えば日本がドルとの為替
レートを1ドル360円で固定するような金融為替政策を行い、カナダが1
カナダドルあたり0.925米ドルで固定するようにすると、1カナダドルは
333円で固定される[13]。戦後復興には安定した為替レートによる貿易の促
進が欠かせないと考えられ、また過度のインフレーションを起こさないた
めには貨幣量に何らかの制限が必要と考えられたことから、このようなシ
ステムが生まれた。

　固定相場制の下では、中央銀行が国民所得拡大を意図とした拡張的な金
融政策を採ることができない。そのためブレトンウッズ体制下では各国は
裁量的な金融政策が行えなかったが、アメリカだけは例外として金融政策
が可能であった。なぜならば、この制度ではアメリカの連邦準備には為替
レートを固定する義務はなく、そのような義務は他国の中央銀行が負って
いたからである。1オンスあたり35ドルで金と交換する義務があるもの

---

[13] $S_{¥/CA\$}=S_{¥/\$} \times S_{\$/CA\$}=¥360/\$ \times \$0.925/CA\$=¥333/CA\$$ となる。

の、各国中央銀行が競ってドルを金に交換しようとするほどブレトンウッズ体制の維持が危険視されることがない限り、アメリカ連邦準備制度は必要であれば拡張的な金融政策を行うことが可能であった。また、ブレトンウッズ体制下では固定された為替レートの水準が適切かという問題は常に存在した。

3.5　なぜブレトンウッズ体制は崩壊したのか？

　1955年以降のベトナム戦争およびジョンソン政権の「偉大なる社会」（Great Society）という社会福祉政策によって政府支出が増加した一方、税収はさほど上がらず、支出は貨幣供給増、つまりインフレ税によって調達された。為替レートが固定されているときに自国の物価Pが上昇すれば、実質為替レートは増価する。その結果として貿易収支が悪化すると、アメリカは借金をしていることになり、このような制度が持続可能なのかという疑問が各国から湧き上がることになる。なぜならば、世界中がアメリカの債務を持つものの、アメリカはさらなるドルを発行することが可能だからである。ドルが金と同じ価値（1オンス＝35ドル）を持ち続けるだろうか、という懸念が生じる。もしドルが金に対して現在と同じ価値を持たなくなるのであれば、各国の中央銀行は早めにドルを金に変えてしまった方がよい、ということになり、するとアメリカにある金は枯渇してブレトンウッズ体制が崩壊するのである。こうした制度に内在する問題を裏付けるようにアメリカの金保有量は減少し、各国の懸念は一層深まるとともにドルと金の交換を要求する中央銀行も増えることとなった。

　もし、収縮的なアメリカの金融政策によってアメリカの物価を下げることができるのであれば、貿易収支の問題はなくなる。しかし収縮的な金融政策はアメリカにおける失業の増加を意味するので、政治的には厳しい判断であった。そこでアメリカは1971年8月15日にニクソン大統領が大統領令によって金とドルとの交換停止を一方的に宣言することによってブレトンウッズ体制を実質的に崩壊させた。このことをニクソンショックと呼ぶ。こうして、世界規模で金と通貨を結び付けるという金本位制は終わっ

たのである。

練習問題

1. 金本位制において、金平価（金1オンスと交換できる法定通貨の額）を上げたときの貨幣供給量はどのように変化するか、またそれはなぜか答えなさい。

2. 金本位制において、貨幣（硬貨）1単位あたりに含まれる金の含有量・比率を変化させる政策がとられることがあった。金の含有量を下げた場合、物価への影響はどのようなものであったであろうか？ 物価を上昇させるように動いたであろうか？ あるいは下落させるように動いたであろうか？

3. インフレーションやデフレーションを防げる上に、為替レートが固定されて貿易上望ましいから金本位制をこれから採用すべき、という主張への反論点をまとめなさい。

第 13 章
為替レート政策

外国為替市場への介入、変動させるかあるいは固定するかといった為替レートの選択、共通通貨の導入、資本規制といった為替レートに関する政策を学ぶ。

1. 為替介入

1.1 為替介入と貨幣供給量

政策当局による為替市場への介入は、規模・程度の差はあるものの、多くの国の中央銀行によって行われている。このような為替介入の目的は何であろうか?

日本とは異なり、アメリカの為替介入の頻度は少ない。ブレトンウッズ体制ではアメリカが他国通貨との為替レートを固定する義務を負っていなかったことから、アメリカが為替介入をする必要はなかったが、ブレトンウッズ体制崩壊後も市場が為替レートを決めるべきという姿勢を取っている。しかし、急激な為替の変動は経済に混乱をもたらすことで、最適な資源配分を妨げ、また危機の前兆という可能性もあるために、そのような場合には当局による市場介入が行われることが多い。

ここでは、モデルとして簡略化するために、中央銀行が外国為替介入を行うと仮定する。

中央銀行が円売りドル買い介入として1,000円に相当するドルを購入し

表13.1　介入前（左）と介入後（右）の中央銀行バランスシート

資　産		負債・資本	
国債	2,000	現金	2,000

資　産		負債・資本	
国債	2,000	現金	3,000
外貨準備	1,000		

その売り手に代金を円で支払うとしよう。

　すると、表13.1からわかるように現金の発行が増え、マネーサプライが増えていることがわかる。

　逆に、中央銀行が外国為替市場で円を買って外貨を売れば、外貨準備が減少し、このことはマネーサプライが減少することを意味する。これは公開市場操作として中央銀行による国債の売買によってマネーサプライの増減が起こることと同じである。

　このように、中央銀行による為替市場への介入はマネーサプライを変化させるが、時としてマネーサプライを変化させることなく介入を行いたい場合がある。その際には不胎化介入として、国債市場での国債の売買をともに行う。例えば、円売りドル買い介入でマネーサプライを変化させないためには、ドルを買った後に国債市場で国債を売却する。国債を売却すればマネーサプライは減少するため、表13.2で示されるように、不胎化介入後には中央銀行の資産の構成が変わるものの、マネーサプライは為替介入前に戻ることがわかる。

表13.2　為替介入後（左）と不胎化介入後（右）の中央銀行バランスシート

資　産		負債・資本	
国債	2,000	現金	3,000
外貨準備	1,000		

資　産		負債・資本	
国債	1,000	現金	2,000
外貨準備	1,000		

1.2 日本の為替介入

日本においては、外国為替相場の安定を目的として財務省が為替介入を決定し、財務大臣の代理人として日本銀行が「外国為替平衡操作」という正式名称を持つ為替介入を行い、その際には財務省が国の予算の一部である外国為替資金特別会計を使って行う。もう少し具体的には、円を売ってドルを買う介入（円売り・ドル買い介入）を行うためには、まず財務省が政府短期証券を発行し、それを売却することで円資金を集めることになっている。このように決まっているのは、為替介入はこの特別会計の中で行われるべきで、別会計からの資金を充てるべきではないという考えに基づくものと思われる。集めた円資金は財務省が日銀に引き渡し、ドル購入を指示する。購入したドルは日銀から財務省に引き渡され、特別会計に組み入れられる。この操作により特別会計の資産側にドルが増加し、負債側には短期証券が増加することになる。このドルの増加は、日本の外貨準備が増加したことになる。ここでは例として、1,000 円の円売り・ドル買い介入が特別会計を使ってどのように行われるかを財務省のバランスシートの変化から見てみよう。

「円売り・ドル買い介入」には、まず財務省が短期証券を発行して資金（現金）を調達するので、資金調達後のバランスシートは表13.3 のようになる。

表 13.3　A. 短期証券発行による資金調達
後の財務省（外国為替特別会計）
のバランスシート

資　産		負債・資本	
現金	1,000	短期証券	1,000

次に現金（円）を日銀に渡して外貨を購入させるので、外貨購入後の財務省のバランスシートは表 13.4 のようになる。

表13.4 B. 日銀に為替購入を行わせた後、
外貨が引き渡された財務省（外国
為替特別会計）のバランスシート

資　産		負債・資本	
外貨準備	1,000	短期証券	1,000

　円が外貨準備となっただけで、為替売買自体によるバランスシートの拡大はないことがわかる。

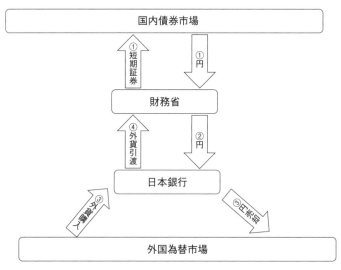

図13.1　円売り・ドル買い介入

①まず財務省が短期証券を発行して債券市場から円を集める。（財務省・特別会計の債務の増加）②集めた円を日銀に引き渡す。③日銀は外国為替市場でドルを購入する。④日銀から財務省に購入したドルを引き渡す。これは特別会計の資産となる。

　逆にドルを売って円を買うという為替介入（円買い・ドル売り介入）を行うためには、この特別会計にあるドル、すなわち外貨準備から売る必要のある額を日銀に引き渡し、日銀が市場で売却して円にしたのちに財務省に円が引き渡され、特別会計に組み込まれる。この際には円売り・ドル買いの逆で、特別会計の資産側のドルが減少し、代わりに円が増加するとい

う、ドルと円のスワップが起こる。しかし基本的には円売り・ドル買い同様、為替の売買によってバランスシートが拡大することはない。また、特別会計に組み込まれた円は、かつてドルを得る際に発行された政府短期証券の償還に充てられることになっている。先の例と同様、1,000円分のドル売り・円買いの介入を、特別会計のバランスシートを使って見てみよう。

「円売り・ドル買い介入」では、表13.4のバランスシートから、日銀に指示して表13.3のバランスシートになる。その後、ドル売りで得た円で短期証券を償還するので、特別会計は表13.5のようになり、特別会計のバランスシートが縮小する。

表13.5　円売り・ドル買い介入後の特別会計（資産にあった外貨準備と負債・資本にあった短期証券がなくなっている）

資　産	負債・資本

1.3　日本の為替介入におけるマネーサプライの変化

円売り・ドル買い介入では政府短期証券を発行して一旦市場から円を吸い上げた後に、そのドルを買う際に円を市場に放出して売却することによってドルを得ているため、マネーサプライは変化しない。円買い・ドル売り介入では外貨準備が減少して代わりに特別会計の円が増加する。これは、財務省が市場にある円を吸い上げていることと同様であるが、この吸い上げられた円は政府短期証券の償還（つまり短期証券と交換）となるために、マネーサプライは変化しない。このように、日本の為替介入は財務省によって行われるために、モデルでみた場合と大きく異なり、理論的には為替介入がマネーサプライに影響を与えることはない（このようなマネーサプライに影響しない為替介入を不胎化介入という）。

このことは、政府を巨大投資家と考えると理解しやすい。巨大投資家や

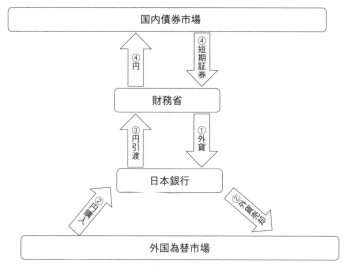

図13.2　円買い・ドル売り介入

①まず財務省が手持ちの外貨準備を日銀に引き渡す（特別会計の資産の減少）。②日銀はこのドルを外国為替市場で売却して円を得る。③日銀は円を財務省に引き渡す。④財務省が得た円を用いて短期証券の償還を行う。（特別会計の負債の減少）

　ヘッジファンドが円を売買することによって為替レートの変化はありうるが、マネーサプライに変化はない。しかしながら、円売り・ドル買い介入において政府短期証券を日銀が購入する場合には、日銀が新たに円を発行し、その円が外国為替市場に流入することになるためにマネーサプライが増加する。また、円買い・ドル売り介入の結果として償還される政府短期証券を日銀が保有していた場合には、財務省から償還される円が日銀に回収されることになるのでマネーサプライは減少する。為替介入によってマネーサプライが変化するか否かは、モデル同様に中央銀行が為替介入のために通貨を発行または通貨を回収するかによる。

Box	中央銀行は公的利益のためにあるのか？ スイス中央銀行 2015 年 1 月 15 日

　スイスはヨーロッパにありながら、ユーロを通貨として使用せず、独自の通貨としてスイスフランを使用している。2008 年の世界金融危機に端を発する、2009 年からのユーロ債務危機後は安全なスイスフランの需要が高まり、為替レートはスイスフランを増価させるように動き、為替レートの変動が周辺諸国との取引の多いスイスの貿易を困難にした。そこでスイスは 1 ユーロを 1.2 スイスフランで固定するようにしたのである。その後、2012 年にユーロ危機が深刻な側面を見せると安全資産としてのスイスフランの需要はさらに高まった。ひとたび為替レートを固定してしまうと、スイスフランの増価圧力に対してスイス中央銀行は外貨（ユーロ）を買ってスイスフランを売ることによって固定レートを維持しなくてはならなくなった。しかし、それではマネーサプライが増加し、物価が上昇して日常生活にも貿易にも悪影響が出る。物価安定のためには不胎化介入として国内市場で国債を売却してマネーサプライを回収する必要があった。ところが、ユーロを売ってスイスフランを買う動きは強まり、スイス中央銀行はついに手持ちの国債が底を尽きるようになった。すると、次のような 2 つの問題が顕在化した。①国債を放出したため、国債から得られていた政府からの利払いがなくなった。②スイス中央銀行のバランスシートの資産には大量のユーロ資産があり、もし仮に固定レートをやめ、ユーロが減価しスイスフランが増価すれば、スイスフランで評価したユーロ資産が負債を下回り、債務超過になる。Danielsson（2022）[1] によれば、これら 2 つの問題は、スイス中央銀行が州政府および民間投資家によって株式が所有されていることにより、できるだけ早期の固定レート放棄を促すことになった。なぜならば、州政府も民間投資家も、中央銀行からの配当に依存しており、固定レートを継続すればこれ以上のユーロの購入が必要となるだけでなく、固定レート放棄の際の損出が膨らむことが予想されたからである。損出を最小限にとどめるために固定レートを 2015 年 1 月 15 日に放棄した。日本銀行を含む多くの中央銀行では、民間主体が株式を持つことや配当を受けることはあっても、その額が制限されるなど、中央銀行の決定に株主がインセンティブを持たないようになっている。

---

[1] Jon Danielsson（2022）*The Illusion of Control: Why Financial Crises Happen, and What We Can (and Can't) Do About It*, Yale University Press.

2. 為替レートの選択

2.1 トリレンマ

　トリレンマとは、図13.3に示す安定した為替相場、自由な資本移動、効果的な金融政策の3つの政策目標のうち2つしか達成できないという命題である。このうち、安定した為替レートとは固定レートを指すが、実際には固定レートにも多種存在することはすでに見た通りである。

　自由な資本移動とは財・サービスの購入以外の目的であったとしても国境をまたいだ資金移動を許容することであり、投資や、将来の値上がりを見込んだ投機などであっても資金を国外に移すことができる状態である。3つ目の効果的な金融政策とは、雇用や国民所得の増加を目的として貨幣供給量を増やして、そのような目的が達成可能ということである。

　日本やアメリカは、固定相場制を採用しておらず、3つの政策目標のうち自由な資本移動と効果的な金融政策の2つを達成している。一方で固定レートの国の多くは安定した為替相場と自由な資本移動を選択している。

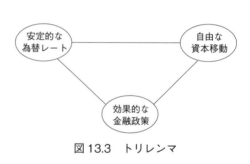

図13.3　トリレンマ

2.2　固定レートか変動レートか

　固定レートの下では有効な金融政策が不可能であることは固定レートの欠点ともいえるが、逆にインフレーションの傾向がある国が金融政策を不可能にする目的で、固定レートによって自国自身を縛り、物価を安定させるという政策も可能である。例えば、財政赤字を中央銀行による国債買い入れによって継続している国が固定レートとなった場合を考えよう。為替レートを固定させる相手の通貨は、インフレーション率の低い国の通貨

である必要がある。もし中央銀行が国債買い入れを行ってマネーサプライを増加させれば、国債価格の上昇と金利の下落を意味するので、低金利を嫌う投資家がその国の通貨を中央銀行に対して売ることになり、そこでマネーサプライは減少する。このようにしてマネーサプライの増加によるインフレーションは防ぐことができる[2]。ただし経済状況が極めて悪いときに、財政支出ができない理由がマネーサプライを増加できないため（固定レートを維持するため）ということであれば、そもそも固定レートを変更するか放棄すべきという政治的な力によって減価あるいは変動レートへの移行が起きることもある。また、固定レートは為替レート変動による差損を考えずに国際的な取引ができるために貿易や国外からの投資の促進には有効である。特に、国外から投資を呼び込むことで経済成長をしたい途上国にとっては、国外の投資家が為替差損を気にせずに済む固定レートの方が多くの資本流入を期待できるために、固定レートを選択することが多い。

　変動レートでは自国の経済に適した金融政策が可能となるため、先進国の多くでは変動レートを採用し、財政政策に比べ、法案審議などがないために決定が迅速で容易な金融政策を適宜用いて、物価や雇用を適切にコントロールすることで経済運営を行っている。

　固定レートでは財政政策が非常に有効であることは第11章で学んだ。このことは逆

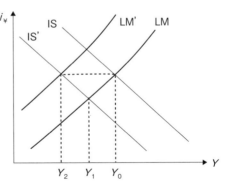

図 13.4　変動レートと固定レートにおける
IS 曲線のシフトの影響

---

[2] 中央銀行が国債購入でマネーサプライを増加させると、外貨準備が減ることでマネーサプライが減少する。これが続けば外貨準備が枯渇して固定レートが維持できなくなる。これを避けるためには国債購入をしないという選択を中央銀行がするはず、ということである。

に、IS 曲線を左シフトさせるような財・サービス市場のショック（需要減少など）が国民所得を減少させる度合いが、変動レートの場合に比べて大きいという意味でもある。図 13.4 に見るように、IS 曲線が IS から IS' にシフトすると、変動レートでは国民所得 Y は Y_0 から Y_1 に減少するが、固定レートでは金利が変化しないように金融政策が行われるために LM 曲線が LM から LM' にシフトする。このため国民所得は Y_0 から Y_2 まで減少する。このように、財・サービス市場へのショックが頻発する経済では固定レートの選択は国民所得の変動を激しいものとする。

2.3 固定レートと危機

固定レートであることの問題点の1つは図 13.5、13.6 にあるような投機筋による攻撃の可能性があることである。例えば、1 ドルが 150 円で固定されているとしよう。ここで 150 億円を借りて市場でドルを買う（あるいは直接日銀に売ってドルを買う）としよう。もし日銀のドルが枯渇すれば固定レートの切り下げが起こるか、あるいは変動レートとなることで 1 ドルが 150 円以上の円と交換が可能になる。もし 150 億円を 1 億ドルにしたのちに、為替レートが 1 ドルあたり 200 円となれば、1 億ドルは 200 億円なので、借りた 150 億円を返しても 50 億円の利益が出る。ここで重要なことは、外貨準備の枯渇により現行の固定レートが維持されないだろうと

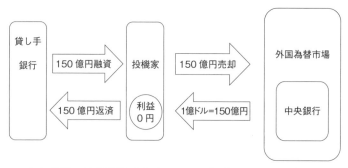

図 13.5 中央銀行の外貨準備が十分にあり、為替アタックが成功しない場合。投機家に利益はない。

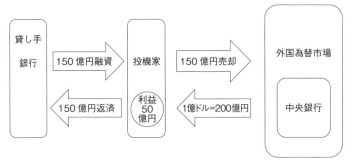

図 13.6　中央銀行の外貨準備が枯渇し、為替アタックが成功する場合。
投機家は利益を 50 億円得る。

多くの投資家が判断すれば、それらの投資家も、減価すると思われる円を早めにドルに替えたいために円売りを行い、その結果として実際の切り下げは当初予想よりも早く起こりうるということである。

　では、どのような政策がこのような投機による固定レートへの攻撃を防ぐことができるであろうか？　中央銀行が十分な外貨準備を持ち、経常収支が黒字であればその通貨の需要は大きいので攻撃が起きて固定レートを崩すことに成功する確率は低い。ところが、外貨準備が不十分である場合や経常収支がマイナスである場合には攻撃が成功する確率が高くなる。

　1997 年 7 月に起きたタイバーツ切り下げは、その直前の為替アタックのためにタイ中央銀行の外貨準備が枯渇したことが直接の原因であったが、タイが経常収支赤字によって（つまり外国からの借金によって）経済成長を継続してきたことに根源的な原因があった。

　経常収支がプラスであれば、貿易や所得移転のためにその国の通貨の需要が大きいため、固定レートの下では中央銀行が自国通貨を追加的に発行することでそのような需要を満たして固定レートを維持することができ、その際に外貨準備は増加する。逆に経常収支がマイナスであれば、自国通貨の需要が少なく、自国通貨を売って外国通貨を買おうとする需要が大きくなるために、中央銀行は外貨準備を減少させて固定レートを維持する。

このため、継続的な経常赤字は外貨準備の継続的な減少を意味し、将来的には固定レートの変更または放棄が予想されることになる。

3.　ユーロ

3.1　最適通貨圏

1999 年 1 月 1 日から、ヨーロッパの 11 国で共通通貨ユーロの使用が開始された[3]。これは**最適通貨圏**という概念に基づき、そのような地域では共通通貨を使用した方が変動レートを用いるよりも望ましいという考えに基づく。ここで固定レートと変動レートの長所と短所を振り返っておくと、固定レートは有効性のある金融政策を失う一方で、貿易が容易になる。変動レートは有効性のある金融政策が可能である一方で、貿易には不便が伴う。つまり、お互いが近いために貿易量が多く、そして経済構造が似ているために個別の金融政策の必要性がなく、1 つの共通する金融政策で問題がないような地域では、固定レートの 1 つの形である共通通貨にしてしまった方が効率的であるということが言える。しかし、貿易量がさほどではなく、経済構造も似ていない場合には、有効性のある独自の金融制度を失う共通通貨を持つことは賢明ではない。すると問題は、どの程度の貿易量や経済構造の類似性があれば共通通貨を持つべきと言えるか、という点である。

3.2　財政同盟ではない

ユーロの基本的な考え方は、共通通貨によって各国の貿易を容易にすることであり、巨大な国を作ることではないため、各国間での財政的な援助・補助は行わないこととされている。非常にわかりやすい考え方であるが、のちに述べるように、この方針のためにユーロ圏が非常な困難に直面してきたことも事実である。

---

[3] 実際にユーロ紙幣と硬貨が導入されたのは 2002 年のことである。

ユーロ加盟国

1999年創設メンバー	クロアチア（2023）
オーストリア	キプロス（2008）
ベルギー	エストニア（2011）
フィンランド	ギリシャ（2001）
フランス	ラトビア（2014）
ドイツ	リトアニア（2015）
アイルランド	マルタ（2008）
イタリア	スロバキア（2009）
ルクセンブルク	スロベニア（2007）
オランダ	
ポルトガル	（　）内は加盟年
スペイン	

図13.7　ユーロ加盟国一覧

3.3　ヨーロッパ中央銀行

　通貨を発行し、共通の金融政策を行うためにヨーロッパ中央銀行がある。戦後に貨幣増発によるハイパーインフレーションに苦しんだドイツの経験から、インフレーションを嫌うドイツ中央銀行の流れを汲み、物価の安定を最も重要な使命としている。これはアメリカの連邦準備制度が、物価の安定と雇用の最大化という2つの相反する目標のバランスを求められていること（これを dual mandate と呼んでいる）と非常に対照的である。

3.4　財政状況についての制約

　ユーロ創設を定めたマーストリヒト条約ではユーロのメンバーになるためのいくつかの基準を定めている。それらは経済状況に問題がないことを示すというものである。なかでもインフレーション率、累積政府債務、財政赤字については明確に基準が掲げられている。

- ・前年にインフレーション率の最も低かったユーロメンバーの3国の平均から 1.5 パーセント以内
- ・前年の財政赤字が GDP の3パーセント以内
- ・前年において政府の累積債務が GDP の 60 パーセント以内

このような制限は、これまでの財政状況から見て、将来的に問題となりそうな国をあらかじめ排除しておきたいという考えに基づく。つまり、巨額の債務・赤字を抱えた国はユーロ建ての国債発行をするが、そのような国が多くなり、メンバーとして政治力をつけてくれば当初の理念が徐々に変更され、ヨーロッパ中央銀行によって国債が消化されることが予想される。これはユーロの増発を意味するので、長期的には財政赤字国のみならず、ユーロ圏全体でインフレーションが起き、ユーロの価値が維持できなくなる可能性があるからである。またヨーロッパ中央銀行が規定通りに国債消化を行わなかったとしても、累積債務や財政赤字のある国が危機を起こせば通貨としてのユーロとユーロ圏経済への信認にもつながり、他のメンバー国への悪影響が予想されるためである。

3.5 ユーロ危機

柔軟な財政支出が行えない、金融政策が各国で異なることを許容しないというユーロの問題は、世界金融危機以降に大きな問題をもたらした。特に 2007 年のアメリカ・サブプライム危機に端を発した 2008 年の世界金融危機後に所得がヨーロッパ各国で減少し、それに伴って税収が減少した。すると、ギリシャのように政府の財政状況が恒常的に赤字体質の国では、政府が市場から資金を調達するのが困難となるだけでなく、発行済み国債の返済が事実上不可能になるケースが発生した。またアイルランドやスペインでは国内の不動産（住宅）バブルの崩壊に伴い、不動産市場に巨額の資金を供給していた銀行が大量の不良債権を抱えることになったものの、経営の悪化した銀行をそれらの国の政府が救済するには規模が大きすぎた。

破滅の連鎖（Doom-Loop）と呼ばれたこの状況は、政府部門が負債を抱え、破綻の可能性が出てくると、政府発行国債の価格が下がり、国債を保有する銀行の経営を悪化させる。また、銀行の倒産は経済への影響が大きすぎるので、政府は救済を行うが、そのことが政府の財政を悪化させる。このような連鎖が続き、最悪の場合には共倒れになるので、最終的には国

外からの援助や救済が必要になった。

　しかし、財政同盟ではないユーロが、なぜ救済を行ったのであろうか？ 2009 年にギリシャの政府債務がそれまでの公表額を大幅に上回ることが発表されると、返済への懸念からギリシャ政府発行の国債価格が下がり、国債利回りが上昇することになった（国債価格と利回りの関係については第 3 章を参照）。買い手がつかなければ国債を新規発行することも難しいので、増税と政府支出の減少を行わざるを得なくなったものの、これは総需要の減少、失業の増加を伴うことになった。するとギリシャによる政府債務の不履行が現実味をもってきた。あるいはギリシャがユーロ圏から追放されて独自の通貨を用いるようになることも考えられた。前者であればギリシャ国債は価値がない紙くずとなるが、後者であってもギリシャ国債の価値が大幅に下がることになる。いずれにせよ、ギリシャ国債を保有するヨーロッパの多くの銀行の経営が危なくなることが予想された。

　さらに、そのような問題になりそうな銀行を持ち、経常収支や財政が必ずしも健全ではないスペイン、ポルトガル、アイルランド、イタリアも国内の銀行を救済することにより政府が財政破綻をするという新たな危機サイクルを起こすことになるのではないかという懸念がユーロ圏の各国から出てきた。するともはや、ヨーロッパの金融全体が危険とみなされ、地雷原であるヨーロッパとユーロへの信認がなくなれば、投資や資金が枯渇し、生産や所得へも大きな負の影響が予想された。これはユーロ圏にとっても看過できない問題であった。そのため 2010 年になり、トロイカと呼ばれる国際通貨基金（IMF）、ヨーロッパ中央銀行、ヨーロッパ委員会の 3 者によるギリシャ救済が行われた。財政再建などの条件付きではあるがギリシャはユーロにとどまり、その後のさらなる救済や財政再建を通じて危機的状況を脱することができた。その後他の国の救済も行われた。

3.6　ユーロの問題点

　ユーロの問題点としては以下のようなものが挙げられる。

　経済構造の類似性が低いこと、そのために共通金融政策では不十分なこ

と、それにもかかわらず、固定レート下で有効に機能するはずの財政政策には財政債務や財政赤字に制限が加えられて柔軟に実施ができないことに加え、メンバー国間での財政的な支援がないこと、労働移動が不十分であるために、国と国の間で労働の効率的な配分が行われずに、経済状況が悪化した国では助教の悪化が長引くことである。

　最後の点については、次のように考えられる。経済状況が悪化した国の労働者が経済状況の良い他の国に移動できるのであれば失業率が改善し、財政支出も限定的となるが、移動が困難であれば、高止まりした失業率と多額の財政支出が必要になる。例えば、日本の地方の町にある大きな工場が閉鎖となれば、そこで働いていた労働者は職を求めて別の町に移ることが多いであろう。ところがこのような移動が容易にできず、労働者がその街にとどまらなければならないとしたら、この街の失業率は高く、また失業給付や生活保護などで財政支出は増えるであろう。ユーロ圏で移動が困難となる理由は主に言語の違いであると考えられており、そのほかには資格が国ごとに異なるなどの制度的な側面も挙げられる。

　ユーロの問題点は同様に巨大な経済であるアメリカを考えるとわかりやすい。アメリカではある程度地域による経済構造の違いがあるものの、連邦政府の財政支出によって経済的に困窮している州や市に補助金を与えるほか、地方事務所、刑務所、軍関係施設、研究所などの政府機関を作ることで実質的な援助を行っているほか、共通言語や共通資格のために労働移動は他国に比べて容易である。

3.7　共通通貨圏に必要なものとは

　ユーロの例から、域内での活発な取引、投資、労働移動、そして経済構造の類似性が必要であることがわかる。また、多少経済構造の違いが存在するために、域内での財政的なやり取りと責任のある地方財政を求めた上で、柔軟な財政政策を認めることが重要であると言える。さらに中央銀行が物価以外に雇用など経済状況にも注意を払って金融政策を行うことも安定的な共通通貨圏には必要であろう。

4. その他の為替レート政策

4.1 プラザ合意 (Plaza Accord)

　国際的に協調して外国為替市場に介入することによって為替レートを誘導しようとする動きは、ブレトンウッズ体制の崩壊以来複数回行われたが、日本円の為替レートに関するものとしては1985年のプラザ合意が大きな意味を持つ。ニューヨークのプラザホテルで行われた G5（先進5か国財務相中央銀行総裁会議）会合では、ドルを減価（ドル安）させるように各国が協調して介入することが合意され、この後日本円は大幅に増価を続けることになった。この合意の背景にはアメリカの経常収支の悪化がある（図 13.8 参照）。なぜアメリカの経常収支はこの時期に悪化したのであろうか？　第12章ですでに学んだように、1970年代前半にブレトンウッズ体制が崩壊して変動レートに移行した後、アメリカのベトナム戦争及び社会福祉政策によって巨大化した支出を主にマネーサプライの増加によって行っ

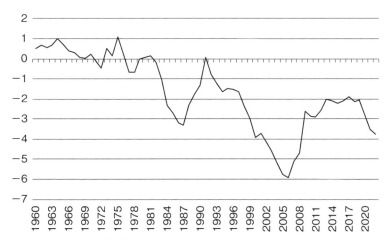

図 13.8　アメリカ経常収支の対 GDP 比率。1985 年頃に大きな経常収支
　　　　赤字となったことがわかる。

Federal Reserve Bank of St. Louis, FRED より

たために、総需要曲線が右にシフトし、インフレーションが高まった。また第5章で見たように、オイルショック後に総供給曲線が左にシフトし、期待物価の上昇によっても総供給曲線が左にシフトしたために物価の上昇をコントロールすることが困難になった。これはドルの実質増価（実質為替レートの増価）をもたらし、経常収支を悪化させる原因となった。またこののち、ポール・ボルカーによるインフレーション退治のための高金利政策が金利平価条件からドル高をもたらしたのである。

　さらに日本の自動車や半導体のアメリカ向け輸出や農産物に関して日本市場が閉鎖的であることなどをめぐり、日本との貿易摩擦が激しくなったのもこのころである。

4.2　資本移動の規制

　為替レートを短期で大きく変動させるものは、貿易量の変化ではなく資本（お金）の流入・流出である。これは固定レートでは為替アタックをもたらす。このため、資本流入や流出に規制をかけるという考えは特に危機を経験した途上国に見られる。しかし、流出を規制するか、あるいは過去に規制した経験のある国には、そのような資本規制を恐れて開発や経済成長に必要な外国資本が流入しなくなるということがある。

　また貿易に関するもののみ（経常収支取引に関するもののみ）通貨を交換するという政策も存在するが、このような政策に対しては伝統的に、実際の貿易額を超える請求書を作成することなどで容易に多額の資金が流入・流出してきた。

練習問題

1. アメリカの外貨準備はユーロと円で構成されており、その内訳は
   https://www.newyorkfed.org/markets/international-market-operations/
   foreign-reserves-management
   などとして公表されている。一方、日本の外貨準備についてはその総額は

https://www.mof.go.jp/policy/international_policy/reference/official_
reserve_assets/data/index.htm

として公表されているものの、詳しい通貨構成については公表されて
いない。財務省統計表一覧（外国為替平衡操作の実施状況）のホーム
ペ ー ジ https://www.mof.go.jp/policy/international_policy/reference/
feio/data/index.html

では過去の為替介入のデータを見ることができる。このデータから、
日本の外貨準備がどのような通貨から構成されているか考察しなさい。

2. 実際の為替アタックではフォワードレートを用いて、例えばタイバー
    ツをドルにアタックを行う前のレートで替えられるようにしておく。
    フォワードレートを使う利点について述べなさい。

3. 財 務 省 貿 易 統 計 https://www.customs.go.jp/toukei/suii/html/data/
    d42ca003.csv

    から、日本の①対米輸出、②対米輸入のデータを 1979 年以降について
    取得し、③対米純輸出を計算して、それぞれのデータをグラフにしな
    さい。データから、プラザ合意のあった 1985 年付近で日本の対米貿易
    の額がどのように変化していたかを述べなさい。

第14章
国際経済の新たな課題

AIや仮想通貨、電子決済という新たな技術が急速に開発されている今日、国際経済には新たな課題が複数存在する。この章ではそのような課題を概観し、どのような対応が可能かを考える[1]。

1. 経済取引の電子化と通貨

1.1 電子決済と現金

近年電子決済が盛んになり、現金を使って支払いを行う機会が大きく減少している。支払う額を数え、釣銭授受の手間を考えれば電子決済の方が効率的な支払い手段である。そうであれば今後も電子決済は増え、現金をなくしてしまってもよいのではないかという考えも成り立つ。この際の利点と欠点を考えてみよう。

まず利点としては、資金の流れや取引が記録に残ることから、脱税や資金洗浄といった違法行為が困難になる。現金には匿名性があるので、現金での取引では意図的に記録を残さなければ違法行為が可能になるが、電子決済では記録が残る。公開するか否かは別として、記録を辿ることが可能

---

[1] この章の内容には、国立研究開発法人科学技術振興機構ムーンショット型研究開発事業「アバターを安全かつ信頼して利用できる社会の実現：CA労働と経済活動」（課題番号JPMJMS2215-G3-5）における研究内容が含まれている。

という事実によって違法行為の多くを未然に思いとどまらせることができると考えられる。むろん、将来的に記録が短期間で消去されるような地下金融が出現する可能性は大いにあるが、現金をなくして電子決済に移行することにより、現在よりも違法行為が減少するのは確かであろう。

　もう1つの利点は、名目金利がマイナスになりうることから、ゼロ金利下でも金融政策の有効性が増すということである[2]。通常、名目金利はマイナスにならない。なぜならばマイナス金利ではお金の貸し手がいなくなるからである。ところが、現金をなくすと、金利がマイナスであっても貯金からは金利分が差し引かれていき、これを避けることは貯金を持たないことでのみ可能になる。すると、マイナス1%からマイナス2%になることは、消費や投資を活発にするので、金利を2%から1%に下げることと同質の金融政策の効果が期待できる。

　欠点として挙げられるのは、電子決済を完全に信じてよいか、つまり認証の失敗など技術的な失敗の可能性をどのように考えるかという点である。Box詐欺とデジタル通貨にあるように、現在では中央銀行のレベルであっても電子的な取引にはセキュリティーに問題があることがわかる。また、取引を記録することは、プライバシーに関する情報を誰かが持つということになる。これらの漏洩の可能性も存在する。さらに、電子決済に必要となるデバイスを持たない、主として低所得者が日常生活の取引で特別に不利になりうる点にも注意が必要である。

1.2　仮想通貨とステーブルコイン

　ビットコインなどの仮想通貨が貨幣なのかという疑問に対しては、第3章で学んだ貨幣の3つの機能である、交換手段、価値尺度、価値保存手段か否かを考えるとわかりやすい。仮想通貨の多くは、法定通貨との交換比率が激しく変動するために、いずれの機能においても法定通貨に大きく

---

[2] ケネス・ロゴフ『現金の呪い —— 紙幣をいつ廃止するか?』、2017年、日経BP、原著 Kenneth Rogoff（2016）*The Curse of Cash,* Princeton University Press.

劣っているといえる。ステーブルコインと呼ばれるものは、その価値が法定通貨に対して変動しないことになっているが、ステーブルコインの運営側が別の理由で破綻する場合や[3]、詐欺を行っている場合も存在し、それゆえに信用がなく貨幣としての機能を備えないことがありうる。

1.3 中央銀行デジタル通貨

中央銀行が電子通貨を発行することで電子決済のインフラストラクチャーを作り、取引の効率化を図ろうとする試みは、多くの国で異なるレベルで行われている。即時決済されれば、流動性は現金同様に高く、また国際送金に利用されれば第7章で見たビッド・アスクスプレッドは相当程度減少していくと思われる。さらに中央銀行が送金や認証に関わるセキュリティー問題を担当するのであれば、民間が負担する必要がなくなる。電子決済に必要な公共財を中央銀行が提供するというアイディアはわかりやすく、多くの人の支持を得られると考えられる。また仮想通貨に代わるものとして電子通貨の利点である、脱税、資金洗浄、テロ資金といった不法行為を防止し得るものとして注目されている。

しかし、銀行間レベルで言えば各銀行が中央銀行に持つ当座預金の準備金は、すでに電子的に決済されており、また小売のレベルではクレジットカード会社その他民間事業主体がすでに行っている電子決済と比べるとセキュリティー関係費用の負担を行うのが民間か中央銀行かという点で異なる以外にほとんど違いがない。さらに、公共財として考える場合には、国際送金をかなり頻繁に行う人や組織と、日常でまったく行わない人や組織が存在する中で、送金が容易になる公共財の供給を中央銀行が行うのは不公平であるとも言える[4]。受益者負担となるように現在すでに民間で送金システムが存在するにもかかわらず公共財として供給するべきという主張

---

[3] 2023年に価格が大幅に下落したステーブルコインであるルナ（Luna）などがある。

[4] すでに見た通り、多くの国では中央銀行の収益は国庫に納められる。したがって中央銀行の経費は、支出しなければ収益となって税収同様に国庫に入るため、税金から支出していることと本質的には同じである。

にはあまり説得力がない。

> **Box** 　**詐欺とデジタル通貨**
>
> 　電子決済や送金が容易になり、その頻度が増えると重大な問題も発生する。2016年2月にアメリカのニューヨーク連邦準備銀行にあるバングラデシュ中央銀行の口座から不正送金が行われ、およそ1億ドルが盗まれる事件が起きた[5]。この事件は中央銀行にある中央銀行の口座から資金が盗まれたために衝撃的であったが、送金は国際的な銀行間の送金に用いられる方法の主たるものである民間団体 SWIFT を使って行われた。
>
> 　仮に中央銀行デジタル通貨が国際送金に利用され、すべての国際送金が中央銀行の記録に残るのみならず、認証も高度化することで不正利用が減少する可能性もある。一方で、資金洗浄や脱税などの違法行為はこのような送金方法をとらないであろうし、アメリカがロシアやイラン、北朝鮮に対して行っているように、政治的な対立からの経済制裁となれば中央銀行デジタル通貨を用いた取引は完全に停止されると思われるために他の送金手段が開発されていくであろう。実際に中国では2015年から CIPS と呼ばれる国際送金システムが稼働している。したがって、中央銀行デジタル通貨を用いた国際送金方法がどこまで主流になっていくかは不明である。

1.4　Flash-Crash、アルゴリズム取引、高頻度取引

　2010年5月6日に短時間、ダウ平均株価が突如として約9%も下落した。これは当時、「フラッシュ・クラッシュ」と呼ばれた。この原因については当時から諸説あったが、取引所側の何らかの機械的な不具合や、トレーダー側が用いる、コンピュータによる取引手法であるアルゴリズム取引や高頻度取引に何らかの異常が起きたのではないかと考えられた。アルゴリズム取引とは、トレーダーが得られる情報や経験、あるいは勘によって取引を決定するのではなく、あらかじめコンピュータにどのような状況でど

---

[5] 約10億ドルの送金指示があったが、その多くは不正送金の疑いがあるとして実行されなかった。

のような取引を行うのかをプログラムしておくことで、多数の取引を行うものである。高頻度取引とは、主に通信速度や計算、情報処理速度を限界まで高めることにより、他の市場参加者よりも先に裁定機会を見つけて利益を得るものである。

アメリカ司法省の捜査により、これは 1 人の個人トレーダーがスプーフィングと言われる違法な手法を用いたことに起因することがわかった。スプーフィングでは、まず売るつもりのない銘柄の大口売り注文を出し、その直後に注文の取り消しを行う。短時間ではあるが、大口の売り注文に気づいた市場参加者のうちには株価値下がりを予想して同様の売りを行う。これが連鎖反応となれば実際に株価は下落するが、初めに売り注文を出して取消を行ったトレーダーは株価が短時間下落した際に買い、回復したころに売れば利益を得られる。最初の買い注文はすぐに取り消されるので、取引が高速度で行われなければ連鎖反応もさして起きないであろう。しかし、アルゴリズム取引や高頻度取引の行われる環境ではこのような問題も起きる。

高頻度取引については、何らかの方法で他の市場参加者の買い注文を知り、その買い注文よりも先に安く買っておいて高く売りつけることによって利益を得るという取引がそれにあたる。取引は電子化され、市場参加者の注文は光速で行われているはずである。したがって、このような裁定利益を得るには光速の差が問題になる[6]。

しばしば高頻度取引に付随して行われるスプーフィングについては、意図的な騙しがあると考えられるので違法とすることに異論は少ないであろうが、高頻度取引についてはどうであろうか？ 他人より早く裁定機会を見つけることは、市場の効率化を素早く行っているとも言える。悪く見ても転売屋と同じであって、常に違法とすべきかについては議論が分かれる

---

[6] マイケル・ルイス『フラッシュ・ボーイズ 10 億分の 1 秒の男たち』、2019 年，文春文庫、原著 Michael Lewis（2015）*Flash Boys: A Wall Street Revolt* に詳細が述べられている。

であろう。また多少の手数料と引き換えに購入希望者の欲求を早く満たすためのサービスと考えられなくもない。ただし、購入希望者に安く購入できる他の選択肢があれば問題ないが、そうでない場合には何らかの規制が必要になるであろう。

2.　危　　機

2.1　アメリカのサブプライム危機と国際金融危機

　2007 年夏にアメリカの不動産（住宅）市場が崩壊した。住宅価格が上昇を続けた背景には、サブプライムレートという比較的高い金利でしか融資を受けられないような住宅購入者にも銀行や金融機関が住宅ローンの融資を行ったことがある。個人の過去のクレジット履歴に基づいて銀行は融資とその条件を決定するが、通常であれば返済をしなくなる恐れがあるために融資をしないような借り手にまで融資を行ったのである。その理由の 1 つは、歴史的に低金利が続いた 2000 年代前半から、金融市場では新たな金融商品として住宅債（mortgage-backed security）が積極的に取引されるようになっていたことである。これは各個人への住宅ローンを束ねて債券として商品化し、それが市場で売買された。これは国債よりはリスクが高いので、利回りも高かったために市場で好まれたが、複数のローンを束ねることによって住宅ローンの借り手による返済不能のリスクが平均化されて軽減されると喧伝された。このような金融商品のおかげで、住宅ローンの融資を行った銀行は、借り手による返済不能というリスクを負う必要はなくなった。住宅債の購入者がそのリスクを負うからである。このため、銀行にとっては借り手による返済不能がリスクではなくなり、とにかくローンを組んで貸し出すということに注力したのである。他の金融機関も住宅債という証券を借り手のリスク別など、様々な形で組み、手数料を取って売り抜けばよかった。

　問題はひとたび市場金利が上昇し、住宅価格が下落を始めるとこの住宅債がとてつもない危険資産となることであった。住宅ローンの借り手は、

ホーム・エクイティー（home equity）として住宅の市場価格と住宅ロー
ン残高の差額を担保として、さらに銀行から借りることができたが、住宅
の市場価格が下落すればこの差額はマイナスになり、借り手は住宅ローン
以外にも借金をしていることとなった。その返済に追われると住宅ローン
を含めた様々な支払いが滞り、それは住宅債の保有者の損出に結び付いた
が、住宅債の保有者は個人、企業、金融機関など様々であり、損出が資産
効果を通じて総需要を減少させ（第2章参照）、銀行が新たな融資を減少
させると、さらなる返済不能が起きた。経済全体にまでこのような負の影
響が及ぶと、住宅債が複数の住宅ローンを束ねたものであっても、平均化
によるリスク軽減はほとんどなかったのである。さらに住宅債の価格に紐
づいた金融商品も多数開発・販売されており、2008年にリーマン・ブラ
ザーズが破綻する頃には金融機関のうちどれほどのリスク（毒性債権、
toxic asset という）を誰が保有しているかが誰にもわからなくなり、救済
すら容易でなくなった。個人や企業のリスク回避行動は消費、投資、雇用
を減少させ、株価の下落はさらなる資産効果を生み、最終的には政府や連
邦制度準備による大規模救済が行われた。

2.2 危機と中央銀行：協調とモラルハザード

アメリカのサブプライム危機に端を発した世界金融危機の収束には、連
邦準備制度をはじめ、各国中央銀行と政府の果たした役割が大きい。中央
銀行の独立性が重要であることはすでに広く理解されているが、危機に際
しては協調して金融政策が行えること、政府が単独で行えることおよび立

---

[7] 連邦準備法では危急の事態（exigent circumstances）において、連邦準備銀行が銀行や
その他の金融機関のみならず企業や個人にも融資できることになっている。危急の事態が
何を指すのかが不明であるが、この条項を用いた個人の救済は行われなかった。財務長
官が議会承認なく使える資金としては外国為替安定化資金（exchange stabilization fund）
が主なものである。この使用も検討されたが、ブッシュ政権は議会承認を経た救済プログ
ラムを選択した。このあたりはポールソン財務長官の回顧録 Henry Paulson による回顧
録 *On the Brink* に詳しい。

法化を経て行えることを総動員して対応した[7]。さらに各国の中央銀行も
協調して対応した。これは銀行の業務が国境を越えているためにドルや自
国以外の通貨での債務が発生していたが、各国の中央銀行は自国通貨では
ないために最後の貸し手として融資できないという事態が発生したからで
ある。

　銀行は資金の借り手と貸し手をつなぐ重要な役割を担っており、銀行が
破綻すれば資金が借りられない個人や企業や、そして貸していた資金を返
してもらえない個人や企業が出てくる。そのような社会的な重要度のため
に政府や中央銀行による救済は正当化されている。ところが、銀行も利益
を追求する企業である以上、救済されることがわかっているのであれば、
リスクを取り、うまくいけば高収益、失敗すれば救済してもらえるという
行動をとることがありえる。このような状態をモラルハザードという。銀
行がリスクをとれば、危機の可能性が高まるために、このようなモラルハ
ザードをどのように防ぐかが重要である。

2.3　金融システムの安定、危機の防止：マクロプルーデンス

　金融システムの安定のためには、各金融機関がリスクを取りすぎず、
資本を十分に持つことで不況や経済不安定への備えをすべきという考え方
は、1988 年のバーゼル合意で国際的かつ具体的な金融機関が満たすべき基
準に反映されてきている。しかし、2008 年の世界金融危機は、このよう
な個別金融機関に基準を課すという「ミクロプルーデンス」と呼ばれる考
え方が危機の防止には不十分であることを示した。例えば、基準を満たす
巨大金融機関が何らかの理由で破綻してしまえば、他の小規模金融機関の
財務体質が健全であったとしても金融危機が起こる。また各金融機関は基
準を満たしつつ利益を最大化しようとするため、ほぼすべての金融機関が
類似の債券を持つことがありえる。これは個々の金融機関にとっては最適
であっても、金融危機の回避という点では金融機関全体でポートフォリオ
を多様化しておらず、ひとたびこの債券価格が下落すれば危機が起きる可
能性がある。このような点に留意して、金融機関全体の行動から危機を防

ぐ方向へ持っていこうとする政策の考え方を「マクロプルーデンス」という。

3. AI、ロボット、アバターと経済

3.1　AI、ロボット、アバターと労働移動

　ユーロの問題点の1つは労働移動が少ないことである（第13章参照）。このことは今後、共通通貨にとって大きな問題ではなくなる可能性がある。それは労働者が物理的に移動せずとも労働ができるようになってきている現在の働き方の傾向が強まり、またアバターなどによる労働が可能になることが挙げられる。また、ユーロ圏での労働移動を妨げている大きな原因が言語の違いであり、これは今後の人工知能（AI）の発展などによって解消されてくると思われるからである。

3.2　AIへの懸念

　新技術を用いた取引、ロボットによる取引の問題点はすでに見た。進化するAIがこれから様々な分野に応用されていくにあたり、われわれにとって最も大きな脅威は悪意のあるAIの存在であろう。事実の検証をしない、あるいはできない人々はAIの示す情報を信じるが、それが虚偽であり、株やその他金融商品の購入など、特定の個人や組織を利するように仕組まれている場合には騙されて経済的な損失を被るほか、虚偽情報によって特定の通貨が売られて通貨危機が起きる可能性もある。

　この問題が重要である理由は、金融市場では他者をだますことによって大きな利益が生まれるためである。財市場と異なり、将来の値上がり期待が現在の資産価格に大きく影響するために、誤った情報によって将来期待価格を吊り上げたり下げたりすることが可能である（このために証券取引に関しては事実と異なる情報を流布することや、スプーフィングのように期待上昇を装って特定の株や債券を大量に購入して価格を吊り上げた後に一気に売却するなどの行為を違法としている）。

　そのために AI にもこのような、他の投資家を出し抜く性能を持たせる
インセンティブが働くと思われる。

　もし逆に AI の性能によって違法行為が取り締まれるようになり、この
ような懸念がなくなった場合には別の脅威が存在する。そのような取り締
まりが確実に行われる場合には、ほとんどの AI が経済変動に対して同様
の反応を示すことになると思われるので、金融市場の変動幅を大きくして
しまう可能性である。例えば原油価格が 10% 下落した際に、すべての AI
が一様に石油関連株を売りだしたらどうであろうか？　売り忘れた、別の
考えがある、ということはなくなるため市場でのそれらの株価は大暴落
し、それに伴い売却される株も同様である。このような指摘は Danielsson
などの経済学者からなされている[8]。

　あるいは、仮に悪意のない AI のみが存在するとして、AI が何らかの個
性を持ち、個体差があるのであれば、投資などに使われる AI に質的な性
能の差が生じてくると考えられる。異なる性能を持つ AI 技術は異なる価
格によって売買されるであろう。もしも低価格低品質のものでは高価格高
品質のものに収益でまったくかなわないということであれば、所得格差が
さらなる機会の不平等やさらなる所得格差を招く恐れがある。

3.3　AI の規制：AI は公益事業（ユーティリティー）か？

　オバマ政権が決定し、トランプ政権が覆したものにインターネットの
公益事業化がある。これは、インターネットは水道や電気のように、コス
トを払うことですべての人が同質のものを享受できるべきという考えに基
づく。追加料金を払えばより速い、あるいは途切れないサービスを受けら
れるということは禁止されるし、ウェブサイト側がプロバイダーにいくら
かを支払って、自分のサイトのみを見られるようにする、ということも禁
止される。これはインターネットプロバイダーが、特定のサイトを見られ

---

[8] Jon Danielsson（2022）*The Illusion of Control: Why Financial Crises Happen, and What We Can（and Can't）Do About It,* Yale University Press.

なくすることや、特定の広告のみを積極的に流すといったことを禁止することで、インターネットのサービスを政治的・経済的に中立なものにする（net neutrality）という考えに基づく。

　悪意のある AI が偽の情報を流すことや詐欺を働くことを防ぐ1つの方法は、インターネット同様に AI に中立性を持たせることであろう。つまり、政府や国際機関が AI の中立性基準を作ることや、悪意がなく利用に問題がないか AI の性能を認証するということが考えられる。また、AI を使えないことで極端に不利となり、機会の不平等から所得格差の増大に結び付かないように配慮したガイドラインの作成が考えられる。核兵器が拡散しないように、国際的な取り決めでその原材料や作り方の情報は容易には外部に漏れないようになっている。核兵器と異なり、AI には人間の生活を豊かなものにするプラスの側面が大きいが、少数の者によって悪意のある使われ方をすれば核兵器同様の破壊的な側面を持ちうることも事実である。

3.4　誰が何をどのように規制するのか？

　グローバリゼーションで企業や金融機関による国境を越えた活動が増加するにつれ、危機の影響も世界規模で起こるようになったのは2008年の世界金融危機を見れば明らかである。規制が危機の予防に有効だとしても、誰が何をどのように規制するのかという問題は、理論的にも実際にも難しい。国境を越えるサイバー空間での取引を規制、監視するのはどの国の責任であるかは必ずしも明らかではないからである。規制や監視にはコストがかかるため、税収という見返りがない場合にはそれらを政府が積極的に行うインセンティブが生じにくい。また各国の規制の違いから、規制の緩い国でより多くのリスクを取る活動が増えるために、銀行行動についてはバーゼル規制のような国際的な規制が取り決められたものの、仮想通貨、高頻度取引、AI を用いた取引など新たな技術への対応はこれからである。

練習問題

1. 法定通貨で測った仮想通貨の価値が大きく頻繁に変動するときには、なぜその仮想通貨は貨幣の機能を持たないのか答えなさい。

2. リスクを取りすぎ、その結果として危機を起こした人や組織に責任を取らせるべきで、公的資金で救済すべきではない、という主張がある。モラルハザードの問題に触れつつ、この主張について経済学的に見て賛成できる点と反対すべき点を述べなさい。

付　録

数学準備

経済学でしばしば使われる有用な数学について解説してまとめる。

1. 成長率、複利計算と対数

1.1 成長率

ある変数（GDP、物価指数、賃金など）の値が a から b に変化したとしよう。このとき、その変数の成長率 g は

$$g = \frac{b-a}{a}$$

である。例えば $g=0.02$ であれば成長率は 2% である。両辺に 1 を加え、

$$1+g = \frac{b}{a} \tag{1}$$

とすることもできる。

例：時給が 1,100 円から 1,200 円に増加したとき、増加率は

$$\frac{1,200-1,100}{1,100} = 0.091$$

となり、9.1% である。

1.2 複利計算

金利を年率で R としよう。$R = 0.01$ であれば 1% の金利である。元金を 1 円とすれば、1 年後には R 円が利子として支払われる。元利合計すると（$1+R$）円である。これをもう 1 年預金すれば、翌年の元利合計額は（$1+R$）（$1+R$）=（$1+R$）^{2} 円となる。一般に元金を c としたときの k 年後の元利合計額は（$1+R$）$^k c$ である。

例：10,000 円を 3% の金利で 10 年間預金したとき、10 年後の預金額は（$1 + 0.03$）$^{10} \times 10,000$ 円である。

1.3 対 数

マクロ経済学では自然対数

$$\log_e x \equiv \ln x$$

がしばしば使われる。ここで底となる e はネイピア数で 2.718… という値である。対数では変数 x と y との間に以下のような関係が成り立つ。

$$y = \ln x \Leftrightarrow e^y = x$$

また、よく知られているように、以下が成り立つ。

$$\ln ab = \ln a + \ln b$$

$$\ln \frac{a}{b} = \ln a - \ln b$$

$$\ln a^b = b \ln a$$

$$\ln 1 = 0$$

2. 微　　分

2.1　微分の定義と計算方法

x の関数 $f(x)$ を微分するとは、

$$\lim_{h \to 0} \frac{f(x+h) - f(x)}{h}$$

で定義され、直観的には $f(x)$ の接線の傾きを表す関数（導関数）を得ることである。微分（導関数）の表記法には

$$\frac{d}{dx} f(x), \quad f'(x)$$

などが使われる。a および b を定数とし、微分をすれば

$$f(x) = ax^b \to f'(x) = abx^{b-1}$$

となる。対数についての微分は

$$f(x) = \ln x \to f'(x) = \frac{1}{x}$$

である。

2.2　合成関数の微分

もう少し複雑な関数を考えよう。

$$f(x) = g(h(x)) = (1 + 3x^3)^2$$

このような表記になるのは、$h(x) = 1 + 3x^3$ が $u = 1 + 3x^3$ として $g(u) = u^2$ の中に入っていると考えられるからである。一般に、

$$\frac{d}{dx} g(h(x)) = g'(u)h'(x)$$

となる。この例では $g'(u) = 2u$、$h'(x) = 9x^2$ であるので、つまり、

$$\frac{d}{dx}(1+3x^3)^2 = g'(u)h'(x) = 18(1+3x^3)x^2$$

となる。

例：$f(x) = \ln(1+x)$ を微分しよう。

$u = (1+x)$、$g(u) = \ln u$ なので $g'(u) = 1/u$、$h'(x) = 1$

$$f'(x) = \frac{d}{dx}\ln(1+x) = \frac{1}{1+x}$$

である。

例：$f(x) = (1+x)^4$ を微分しよう。

$u = (1+x)$、$g(u) = u^4$ なので $g'(u) = 4u^3$、$h'(x) = 1$ となり、

$$f'(x) = \frac{d}{dx}(1+x)^4 = 4(1+x)^3$$

である。

2.3　偏微分

x と y の関数 $f(x, y)$ を考え、y を変化させずに x のみ変化させた場合、すなわち

$$\lim_{h \to 0}\frac{f(x+h, y)-f(x, y)}{h}$$

を関数 $f(x, y)$ の x についての偏微分または偏導関数といい、

$$\frac{\partial f(x, y)}{\partial x}$$

や $f'_x(x, y)$ を用いて示す。

例：生産関数を $Y = F(K, L) = K^{0.3} L^{0.7}$ とする。ここで K は資本投入量、および L は労働投入量である。すると、資本の限界生産力（MPK）は

$$\frac{\partial F(K, L)}{\partial K} = 0.3 K^{-0.7} L^{0.7} = 0.3 \left(\frac{L}{K} \right)^{0.7} = 0.3 \frac{Y}{K}$$

である。

---

3. テイラー展開による近似（1 次まで）

3.1　テイラー展開とは

x の関数 $f(x)$ を $x = x_0$ の近傍で近似すると

$$f(x) \approx f(x_0) + f'(x_0) \times (x - x_0)$$

となる。

例：$f(x) = \ln(1 + x)$ を $x = x_0 = 0$ の近傍で近似すると $f(0) = \ln(1 + 0) = 0$、$f'(0) = 1/(1 + 0) = 1$、$(x - 0) = x$ なので、$\ln(1 + x) \approx x$ となる。

3.2　成長率と対数差分

先に見た（1）式の両辺に対数を取り、

$$\ln \frac{b}{a} = \ln(1 + g)$$

としよう。この右辺を $g = 0$ 近傍でテイラー展開すると

$$\ln \frac{b}{a} \approx g$$

となるので、成長率 g を計算する際には

$$g = \ln b - \ln a$$

として計算することが多い。

> 例：2021 年から 2022 年にかけての経済成長率を計算する。各年の GDP をそ
> れぞれ GDP_{2021}, GDP_{2022} とすると、成長率は $\ln GDP_{2022} - \ln GDP_{2021}$ で求められ
> る。

3.3　四半期データの年率換算

　1 年を 4 等分し、1 月から 3 月を第 1 四半期、4 月から 6 月を第 2 四半期、
7 月から 9 月を第 3 四半期、10 月から 12 月を第 4 四半期という。ある年
の第 1 四半期から第 2 四半期にかけての GDP 成長率が 1% だったとしよ
う。この四半期成長率を年率換算することがしばしば行われる。これは利
子率、成長率といったものが年率を基準に考えられることが多いことによ
る。年率換算とは、その四半期成長率が 1 年間続いたとしたら 1 年間での
成長率（つまり昨年末から今年末までの成長率）はいくらか、というもの
であり、年率成長率を G とすると数式では

$$(1+G) = (1+0.01)^4$$

となる。この式を G について解くことで年率換算された成長率が求めら
れ、この場合には電卓があれば容易に求められる。

　一般に、四半期成長率を g とすると

$$(1+G) = (1+g)^4$$

であるが、右辺を $g=0$ 近傍でテイラー展開すると

$$(1+G) \approx 1+4g$$

となるために $1+G \approx 1+4g$ であり、$G \approx 4g$ と簡便に計算することができ
る。つまり、四半期成長率が 1% であるときに年率換算した成長率は 4%
である。

例：1か月間のインフレーション率が0.5%であるとき、年率換算したインフレーション率は12×0.5＝6%である。

例：半年あたりの収益率が2%の金融資産があるとき、年率計算したこの金融資産の収益率は2×2＝4%となる。

3.4　テイラー展開の拡張

x と y の関数 $f(x, y)$ を $(x, y) = (x_0, y_0)$ の近傍で近似すると

$$f(x, y) \approx f(x_0, y_0) + f'_x(x_0, y_0) \times (x - x_0) + f'_y(x_0, y_0) \times (y - y_0)$$

となる。なお、f'_x および f'_y はそれぞれ、関数 f の x および y についての偏微分である。

例：名目利子率を i、物価上昇率を π とすると、それぞれ 0 の近傍で展開して

$$\frac{1+i}{1+\pi} \approx 1 + \frac{1}{1+0}(i-0) - \frac{(1+0)}{(1+0)^2}(\pi - 0) = 1 + i - \pi$$

となる。よって実質利子率 r は $i - \pi$ と近似できる。

4.　その他：等比数列の和

ある数 a があり、$0 < a < 1$ を満たすとしよう。ここで、$1, a, a^2, a^3, \cdots$ となる数列を考え、この数列の合計

$$S = 1 + a + a^2 + a^3 + \cdots$$

を計算すると、$0 < a < 1$ であることから、a^k は k が無限大に近づくと 0 に近づく。このため、両辺に a を掛けて

$$aS = a + a^2 + a^3 + a^4 + \cdots$$

とした上で、右辺どうし、左辺どうし引き算を行えば

$$(1-a)S = 1$$

となるので、等比数列の和は

$$S = \frac{1}{1-a}$$

となる。

例：銀行は受け入れた預金の 10% を準備預金として残し、その他（90%）は
ローンとして貸し出す。貸し出された資金は最終的に銀行に預金されるとす
る。このとき、新規に 1,000 円が預金されたとすると、銀行部門全体で増加す
る預金は $a = 0.9$ であるので、

$$S = \frac{1}{1-0.9} \times 1{,}000 = 10{,}000 \, 円$$

となる。

引用文献リスト（書籍資料）

Blinder, A. (2022) *A Monetary and Fiscal History of the United States, 1961-2021*, Princeton University Press.

Danielsson, J. (2022) *The Illusion of Control: Why Financial Crises Happen, and What We Can (and Can't) Do About It*, Yale University Press.

Eichengreen, B. (2008) *Globalizing Capital: A History of the International Monetary System, 2nd Ed.*, Princeton University Press.

Feenstra, R. and A.P. Taylor (2021) *International Macroeconomics*, 5th Ed., Macmillan.

Krugman, P. "Wonking Out: Biden Should Ignore the Debt Limit and Mint a $1 Trillion Coin," *New York Times*. 2020 年 10 月 1 日。

Krugman, P., M. Obstfeld, and M. Melitz (2022) *International Finance: Theory and Policy*, 12th Ed., Pearson.

Mankiw, N. G. (2011) *Principles of Economics 6th Edition*. Cengage.

McKinnon, R. (1993) "The Rules of the Game: International Money in Historical Perspective," *Journal of Economic Literature*.

Paulson, H. M. (2010) *On the Brink: Inside the Race to Stop the Collapse of the Global Financial System*, Business Plus.

Phillips, A. W. (1958) "The Relation Between Unemployment and the Rate of Change of Money Wage Rates in the United Kingdom, 1861-1957" *Economica* 25 (100), 283-29.

Rockoff, H. (1990) "The "Wizard of Oz" as a Monetary Allegory," *Journal of Political Economy* 98 (4), 739-760.

Silber, W. (2019) *The Story of Silver*, Princeton University Press.

城山三郎「男子の本懐」、1983 年、新潮文庫。

マイケル・ルイス「フラッシュ・ボーイズ 10 億分の 1 秒の男たち」、2019 年、文春文庫、原著 Michael Lewis (2015) *Flash Boys: A Wall Street Revolt*

ケネス・ロゴフ「現金の呪い —— 紙幣をいつ廃止するか？」、2017 年、日経 BP、原著 Kenneth Rogoff (2016) *The Curse of Cash*, Princeton University Press.

■著者紹介

和田　龍磨（わだ　たつま）

経歴
1999 年慶應義塾大学経済学部卒業
2006 年ボストン大学 Ph.D.（経済学）
ウェイン州立大学（アメリカ・ミシガン州）助教授および准教授、ダラス連邦準備銀行客員、カリフォルニア州立大学デービス校訪問助教授、ウェスタンオンタリオ大学（カナダ）訪問准教授、ニューサウスウェールズ大学（オーストラリア）客員准教授を経て
2018 年慶應義塾大学総合政策学部教授

専攻：国際金融論、マクロ経済学、計量経済学

主な研究業績：
"Let's Take a Break: Trends and Cycles in US Real GDP"（with Pierre Perron）, 2009, *Journal of Monetary Economics* 56（6）749-765,
"Out-of-Sample Forecasting of Foreign Exchange Rates: The Band Spectral Regression and LASSO," 2022, *Journal of International Money and Finance*, 128, 102719.
など。

基礎からの国際金融論

2024 年 3 月 29 日　初版第 1 刷発行

■著　　者 ─── 和田龍磨
■発 行 者 ─── 佐藤　守
■発 行 所 ─── 株式会社 大学教育出版
　　　　　　　　〒 700-0953 岡山市南区西市 855-4
　　　　　　　　電話（086）244-1268　FAX（086）246-0294
■印刷製本 ─── モリモト印刷 ㈱

ISBN978-4-86692-288-1